아노크라시

극우의 반란, 미국 민주주의의 탈선

전홍기혜 지음

ANOCRACY

독재
AUTOCRACY

민주주의
DEMOCRACY

아노크라시(Anocracy)

아노크라시는 민주주의(데모크라시, Democracy와
독재(아토크라시, Autocracy)가 혼합된 상태를 말합니다.

아노크라시
극우의 반란, 미국 민주주의의 탈선

ⓒ 전홍기혜, 2022

발행일 초판 1쇄 2022년 11월 1일
지은이 전홍기혜
편집 김유민
디자인 이진미
펴낸이 김경미
펴낸곳 숨쉬는책공장
등록번호 제2018-000085호
주소 서울시 은평구 갈현로25길 5-10 A동 201호(03324)
전화 070-8833-3170 **팩스** 02-3144-3109
전자우편 sumbook2014@gmail.com
홈페이지 https://soombook.modoo.at
페이스북 /soombook2014 **트위터** @soombook **인스타그램** @soombook2014

값 14,500원 | ISBN 979-11-86452-84-4

아노크라시

극우의 반란

미국 민주주의의 탈선

전웅기레 지음

ANOCRACY

독재
AUTOCRACY

숨쉬는
책공장

민주주의
DEMOCRACY

차례

들어가며:
팬데믹이 시작되다

2020년 3월 13일 오후 3시, 도널드 트럼프 당시 미국 대통령(이하 트럼프)은 신종 코로나바이러스감염증-19(이하 코로나19)와 관련해 '국가 비상사태State Emergency'를 선포했다. 그해 1월 20일 미국에서 첫 번째 코로나19 확진자가 발생한 지 두 달이 채 안 된 시기였다.

이날까지 코로나19 확진자 수는 2,207명, 사망자 수는 48명을 기록했으며, 웨스트버지니아주를 제외한 미국 전역에 확진자가 발생했다. 그럼에도 불구하고 코로나19 상황은 미국보다는 중국, 또 중국과 가까운 한국을 더 걱정해야 한다는 생각이 다수였다.

트럼프는 코로나19 사태 초기인 그해 2월 26일 기자회견 때만 해도 "매년 독감으로 2만 5,000명에서 6만 9,000명이 사망한다는 보고를 받고 매우 놀랐다"며 독감과 코로나19를 비교하며 크게 걱정할 필요가 없다는 메시지를 발표했다. 예상보다 빨리 비상사태를 선포하는 순간에도 트럼프는 같은 뉘앙스로 얘기했다.

트럼프가 비상사태를 선포하던 그 시간, 나는 메릴랜드주 볼티

아노크라시

모어에서 미국 전국간호사노조^{National Nurses United} 로이 홍 조직실장을 인터뷰하고 있었다. 의료 현장에서 환자들을 가장 많이 접하는 간호사들의 입장에서 예측한 코로나19 사태는 암울했다. 인터뷰를 시작하자마자 그는 "미국에서 코로나19 사태가 길고 지루하며 고통스럽게 진행될 것"이라고 단언했다. 그는 트럼프와 마찬가지로 미국의 '독감 사망자 수'를 언급하면서 트럼프와는 반대로 코로나19 사태의 심각성을 설명했다.

"미국에서 겨울에 매년 독감이 확산됩니다. 백신이 있고 치료가 가능한데도 독감으로 폐렴까지 가서 사망하는 환자가 많습니다. 처음 코로나19에 대한 미 주류 의료계의 반응이 '1년에 독감으로 몇만 명이 죽는다'면서 대응을 안 하고 있다가 지금 발등에 불이 떨어졌습니다. 저는 미국의 의료시스템을 너무 잘 알기 때문에 낙관적인 예측을 하기 힘듭니다. 미국 의료시스템은 감염병 확산을 막는 데 적합하지 않습니다.

샌프란시스코의 저명한 의과대학 UCSF(캘리포니아대 샌프란시스코 캠퍼스)에서 주최한 전문가 좌담회(2020년 3월 10일)에서 조 데리시 수석 연구원은 미국 인구의 40~70%가 향후 12~18개월 동안 감염될 수도 있다며 최악의 경우 150만 명의 미국인이 사망할 수도 있다고 경고했습니다. 코로나19는 독감과 달리 인류에게 완전히 새로운 질병인 터라 잠재적인 면역력이 없기 때문입니다.

주 정부는 전혀 준비가 안 돼 있는 상태입니다.[1] 병원 현장에서는 의료용 마스크도 부족합니다. 기본 지침도 없고 정보도 너무 부족합니다. 무엇보다 미국에서 의료보험 미가입자가 워낙 많다(2018년 기준 2,750만 명)는 것이 큰 걱정입니다. 이들은 아파도 병원에 안 갑니다. 비용이 무서워 못 가죠. 보험 미가입자가 아니더라도 미국에서는 워낙 의료비가 비싸기 때문에 병원에 가기를 꺼리는 사람들이 너무 많습니다. 그러다 보니 많은 사람들이 코로나19에 감염됐더라도 초기에 모르고 그냥 일상생활을 계속하면서 감염을 확산시킬 가능성이 큽니다.

미국은 땅덩어리가 넓다 보니 인구 밀도가 높지 않다는 점은 장점으로 작용하지만, 또 한편으로는 중앙 정부의 통제가 상대적으로 어렵다는 단점으로 작용하기도 합니다. 미국에서 코로나19 사태는 오래가면서 큰 피해를 입히리라 예상합니다."

그는 "코로나19 사태는 지나친 자본주의화로 무너진 미국 의료시스템의 민낯을 그대로 보여 주는 계기가 될 것"이라고 전망했다. 이날 인터뷰 내용은 모두 현실이 됐다. 단 한 가지만 빼고 말이다. 그는 코로나19로 지나치게 상업화된 미국 의료시스템의 문제가 여실히 드러나면서 버니 샌더스 상원의원을 비롯한 진보 정치인들이 주

---

[1] 미국은 연방제 국가이기 때문에 한국과 비교해 주 정부(지방 정부)의 권한이 막강하다. 실제 주민들의 일상을 규율하는 것은 각 주의 행정·입법·사법부라고 해도 과언이 아니다.

장하는 '전국민 의료보험Medicare for All'과 같은 공공 의료시스템을 강화하자는 주장이 대중적 공감대를 불러올 수 있을 것이라 기대했다. 그러나 이는 현실이 되지 못했다.

코로나19로 인한 팬데믹은 미국 사회를 뒤흔들었다. 재난은 그 사회의 갈등을 극대화해 보여 준다. 코로나19도 마찬가지였다. 마스크 착용 거부, 백신 접종 거부 등 코로나19 방역 조치에 대한 저항에서부터 아시안 증오 범죄, 2021년 1월 6일 의회 폭동에 이르기까지 팬데믹 기간 동안 미국 사회를 떠들썩하게 만들었던 정치·사회적 이슈들은 미국이 직면한 본질적인 문제가 무엇인지 보여 준다. 백인우월주의에 기반한 극우 포퓰리즘이 그것이다. 당시 대통령이었던 트럼프의 이름을 딴 '트럼피즘'으로 불렸던 정치이데올로기는 '민주주의 종주국'이라는 미국의 자부심을 훼손하는 진짜 재난이었다.

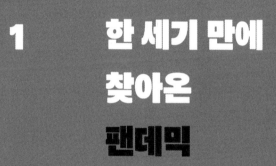

1 한 세기 만에 찾아온 팬데믹

극우 음모론이 심화한 재난

⟨1⟩

격리:
미국 사회의 민낯을 드러내다

트럼프는 한 세기 만에 찾아온 감염병 사태를 맞아 최악의 리더십을 보여 줬다. 그는 2020년 2월 말부터 시작한 백악관의 코로나19 브리핑에 매일 참석해 '영웅적 리더십'을 연출하려 했지만 실패했다. 그는 하루는 코로나19가 "금방 지나갈 것"이라고 낙관적인 전망을 내놓다가 다음 날엔 상황의 심각성에 대해 "엄중 경고"를 하는 갈팡질팡하는 모습을 보였고, 가뜩이나 불안한 국민들을 더 불안하게 만들었다.

트럼프가 공식 석상에서 '냉온탕'을 오간 진짜 이유는 나중에 드러났다. 그는 사전에 코로나19의 위험성에 대해 수차례 보고를 받고 이미 알고 있었지만 눈앞으로 다가온 선거 때문에 숨기려고 했다. 트럼프는 코로나19 사태에서 숱한 거짓말로 상황을 모면하려 했고 이런 '거짓말 정치'의 피해는 결국 국민들에게 돌아갔다. 미국은 2020년 2월 29일 첫 코로나19 사망자가 발생한 지 42일 만인 그해 4월 11일 전 세계에서 가장 많은 사망자가 발생한 나라가 됐다.

아노크라시

1) 14만 명의 미국 아동이 코로나19로 보호자를 잃었다

"코로나 바이러스는 바에 가서 보드카 한잔 마시면서 소독하면 됩니다."

2020년 3월 13일 늦은 오후, 나는 당장 다음 날부터 기나긴 '격리Quarantine 생활'이 시작되는 줄도 모르고 볼티모어에서 워싱턴 D.C.로 가는 기차 안에서 사람 좋아 보이는 검표 승무원의 농담을 들으며 웃었다.

인터뷰를 마치고 버지니아주 페어팩스 카운티에 있는 집으로 돌아가고 있던 그때, 아이가 다니는 초등학교에서 문자가 왔다. 트럼프의 '비상사태' 선포에 맞춰 버지니아주도 모든 초·중·고등학교에 휴교령을 내려 임시 방학에 들어간다는 소식이었다. 순간 머리가 멍해졌다. '당장 다음 주부터 어떻게 하지?' 동시에 같은 학교를 다니는 아이 임마들의 카톡 단톡방에 '불'이 났다. 반면 집에 돌아가 맞이한 아이의 얼굴은 미소가 가득했다. 그렇게 초등학교 6학년² 아이와 거의 1년 반에 가까운 결코 슬기롭지만은 않은 '격리 생활'이 시작됐다.

학교 사물함에서 개인 짐을 챙겨 올 시간조차 주어지지 않은 채

---

2   버지니아주는 초등 6년, 중등 2년, 고등 4년의 학제를 운영한다.

갑작스럽게 시작된 '코로나19 방학'은 일주일, 또 일주일, 봄 방학(4월 첫째 주)을 지나, 야금야금 길어졌다. 언제 다시 학교를 열 수 있을지 가늠하기도 힘들었다. 교육청과 학교 당국도 예상하지 못했던 일이라 온라인 수업도 없었다. 그해 5월이 돼서야 겨우 오전에 2시간 온라인 수업을 진행했다. 한국과 마찬가지로 팬데믹으로 인한 휴교와 온라인 수업은 학력 격차, 돌봄 공백, 건강 등 많은 문제를 야기했다.

학력 격차, 인터넷 접근성 차이, 교육 기회 박탈

아이는 2020년에 학교를 졸업한 전 세계의 수많은 다른 학생들과 마찬가지로 그해 6월 졸업식도 못 하고 초등학교를 졸업했다. 학교에서 집 앞에 졸업 축하 피켓을 꽂아 주고 학교 티셔츠와 동네 샌드위치 가게 할인 쿠폰을 우편함에 넣어 둔 것이 졸업생들을 위한 이벤트의 전부였다. 그해 9월 아이는 입학식도 없이 중학교에 입학해 얼굴 한 번 못 본 교사, 학생들과 새로운 학교생활을 시작했다. 아이는 한 학기가 끝날 때까지 온라인 수업에 필요한 노트북을 받기 위해 딱 한 번 학교 건물에 들어갔을 뿐이었다.

지역마다 편차가 있지만 5,600만 명이 넘는 미국의 초·중·고등학생들은 2020년 3월부터 2021년 상반기까지 온라인 수업을 들었다. 1년 넘게 장기화된 비대면 수업은 필연적으로 부작용이 뒤따를 수밖에 없었다.

교육컨설팅 업체인 '맥킨지&컴퍼니'는 비대면 수업이 미국에서도 고질적인 문제인 '교육 불평등'을 심화시키고 있다고 지적했다. 흑인 학생들의 경우, 수학은 평균 6개월, 읽기는 평균 5개월 학습이 뒤처졌다. 저소득층의 경우 10명 중 7명이 교육 내용을 제대로 이수하지 못하고 학년을 마쳤으며, 이로 인해 상위학교 진학 가능성도 현저히 낮아졌다.[3]

학업 성취 저하보다 더 심각한 문제는 학습 기회 자체가 차단되는 것이었다. 국립교육통계센터National Center for Education Statistics, NCES에 따르면, 2020년 9월 현재 3~18세 학생의 14%가 집에서 인터넷 접속이 되지 않았다. 900만 명 이상의 학생들이 온라인 수업 참여 자체에 어려움을 겪었다.

개인이 사용할 기기가 없거나 부족한 경우도 많았다. 3~18세의 학생 중 17%가 집에 노트북이나 데스크탑 컴퓨터가 없었다. 1,100만 명가량의 학생들이 온라인 학습을 위한 컴퓨터를 갖고 있지 않거나, 형제자매들과 기기를 공유해야 했다.

온라인 수업을 들을 만한 조용한 장소를 확보하는 것조차 어려운 학생들도 많았다. 가정에서 인터넷 연결이 어렵거나 수업을 들을 만한 안정적인 장소를 찾을 수 없는 학생들의 문제를 해결해 주던 공간이 학교였다. 팬데믹으로 학교만이 아니라 도서관, 카페 등도 모두 문을 닫았다. 미국에서 홈리스 가정의 학생들은 150만 명 정도로

---

3   Emma Dorn ect., "COVID-19 and education: The lingering effects of unfinished learning", 2021.07.27.

추정된다. 조부모나 다른 보호자들과 생활하는 학생들도 안정적인 학습 공간을 확보하기 어려운 경우가 많았다.

인터넷 접근성은 지역, 계층, 인종 등의 변수에 따라 달라졌다. 취학연령 자녀가 있는 전체 가구의 14%가 집에 인터넷이 없는 반면, 농촌 지역은 18%로 4%포인트 늘어났다. 인종별로는 백인, 아시아계 아이들은 평균보다 높은 접근성을 가지고 있는 반면 흑인, 히스패닉, 아메리칸 인디언, 알래스카 원주민 학생들은 평균보다 낮은 접근성을 갖고 있었다. 특히 아메리칸 인디언, 알래스카 원주민 학생들은 10명 중 3명 이상이 인터넷 이용이 불가능한 환경이었다.

돌봄 공백: 코로나19로 보호자가 사망한 아동 14만 명

학교가 문을 닫는 것은 일부 취약계층 아동들에게는 학교가 담당했던 돌봄을 받지 못한다는 의미이기도 하다. 코로나19로 인한 피해는 유색인종, 저소득층 등 약자들에게 집중됐고 이 아동들의 '돌봄 공백'은 장기적으로도 큰 문제다. 2022년 1월 현재까지 85만 명에 가까운 코로나19 사망자가 발생한 미국에서 팬데믹 기간 동안 14만 명의 아동이 부모, 조부모 등을 잃었다.

2021년 10월 의학저널인 《소아의학Pediatrics》에 실린 연구[4]에 따

---

4 Susan D. Hillis etc., "COVID-19-Associated Orphanhood and Caregiver Death in the United States", 《The Pediatrics》, 2021.10.07. 이 연구는 바이러스 변이로 미국에서 다시 사망자가 급증하기 시작하기 이전까지의 통계다. 2021년 하반기와 2022년 상반기까지 포함하면 코로나19로 보호자를 잃은 아동의 숫자는 훨씬 더 증가할 것이다.

르면, 2020년 4월부터 이듬해 6월까지 12만 630명의 어린이가 코로나19로 부모를 비롯한 1차 보호자를 잃었다. 또 한집에 거주하는 조부모와 같은 2차 보호자를 코로나19로 잃은 아동은 2만 2,007명으로 조사됐다.

코로나19로 인한 피해가 가난한 이들에게 집중됐기 때문에 이로 인해 부모를 잃은 아동의 숫자도 계층과 인종별로 큰 차이를 보인다. 753명의 백인 어린이 중 1명이 코로나19로 보호자를 잃은 반면, 히스패닉은 412명 중 1명, 흑인은 310명 중 1명, 미국 원주민과 알래스카 원주민은 168명 중 1명이 코로나19로 보호자를 잃었다.

연구 보고서는 코로나19로 수십만 명의 아동이 보호자나 정서적으로 친밀한 가족을 잃은 사실이 미칠 영향에 대해 다음과 같은 우려를 표명했다. "부모를 잃은 것은 아동의 건강과 복지에 장기적으로 깊은 영향을 미친다. 정신 건강의 문제, 교육 기간 단축, 낮은 자존감, 성 학대 위험성 증가, 자살, 폭력 등. 부모 및 2차 보호자의 상실은 심리적, 실용적, 재정저 지원에 엉향을 미칠 수 있다."

'틱톡 챌린지'가 보여 준 '코로나 블루'

2021년 9월 새 학년이 시작되면서 전국적으로 주 5일 정상 등교가 시작됐다. 그토록 기다려 온 정상 등교가 시작된 지 얼마 지나지 않아 나는 아이 학교로부터 걱정스런 내용의 안내 메일을 받았다. 학생들이 학교 기물을 훔치거나 파손하는 일이 유행한다는 소식이었다. 미국에서 10대들이 많이 사용하는 소셜 미디어 중 하나인 '틱톡'을 통해 학교 내 기물을 부수거나 훔친 뒤 관련 동영상을 올리면서 "악마의 도둑질Devious licks"이라고 해시태그를 다는 '틱톡 챌린지'가 유행인데, 이런 행위를 하다 적발될 경우 학교 당국의 처벌, 더 나아가 형사처벌까지 받을 수 있다는 내용이었다.

이런 경고에도 불구하고 '틱톡 챌린지'는 "학교 교직원 때리기smack a staff member", "학교 간판 망가뜨리기mess up school sign", "학교에서 친구의 여자친구에게 키스하기kiss your friend's girlfriend at school", "(여학생) 가슴 때리기jab a breast" 등 매달 주제를 바꿔 계속됐다.

급기야 그해 12월 17일에는 '미국 모든 초·중·고등학교에서 총기 난사 및 폭탄 위협' 관련 게시물이 '틱톡 챌린지'로 등장했고, 이로 인해 캘리포니아주, 텍사스주, 미네소타주, 미주리주 등의 일부 학교들이 휴교를 결정하는 해프닝이 일어났다. 이날 플로리다주의 한 고등학생이 장전된 총을 갖고 등교하다가 발각, 기소되는 일이 벌어지긴 했지만, 다행히 학교 총기 사고로 이어지진 않았다. 일부 학교들이 민감한 반응을 보인 이유는 총기 소지를 헌법상 권리로 보장하고 있는 미국에서는 학교 내 총기 사고로 매년 적게는 수십 명에서 많게는 100여 명의 학생들이 죽거나 다치기 때문이다(학교 총기 사고에 대해서는 총기 문제를 다룬 장에서 논의하겠다).

'틱톡 챌린지'는 코로나19로 10대들이 경험하는 정신적 스트레스가 소셜 미디어를 통해 표출된 '병리적 현상'이다. 미국 보건복지부에 따르면, 팬데믹 이전인 2019년 초와 비교해 2021년 초 자살을 시도해 응급실을 찾은 청소년의 숫자가 여학생은 51%, 남학생은 4% 증가했다. 또 전 세계적으로 8만 명의 청소년을 대상으로 실시한 연구에 따르면, 우울증과 불안 증상이 팬데믹 기간 동안 2배 증가했고, 청소년의 25%가 우울 증상을, 20%가 불안 증상을 경험했다.[5]

아동 및 청소년들은 특히 친구들과 함께 보내는 시간이 절대적으로 부족하게 되면서 오는 외로움, 우울감, 자살 충동 등의 문제를 호소했다. 이들은 또 운동, 음악, 동아리 등 다른 과외 활동 기회를 잃어버린 것에 대한 실망, 슬픔 등도 경험하고 있었다.

게다가 팬데믹 상황은 정신적 고통을 경험하는 아동·청소년들이 친구, 교사, 상담사, 의사, 아동복지사 등과 상호 작용하는 기회를 상당 부분 박탈했다. 이에 따라 정신 건강의 문제, 가정 내 아동 학대 등의 문제를 주변 사람들이 발견해 대응하기가 더 어려워졌다.

코로나19가 가져온 긍정 효과, 무상 급식

아이가 처음 미국 학교를 등교한 날, 난 아이에게 점심값으로 10달러를 줬다. 코로나19 사태 이전까지 미국은 학교 급식을 학생들에게 유상으로 제공했다. 저소득층 아동(가계소득이 빈곤선의 130% 이하 가정의 아동)들에게만 급식비가 지원됐다. 급식비는 학교 통장 계정(스쿨벅스)에 학부모가 입금해 놓으면 학교

---

5 US Department of Health and Human Services, "Protecting Youth Mental Health", 2021.

식당에서 아이가 먹은 만큼 차감되는 방식이었고, 계정에 돈이 없을 경우 현금을 내고 사 먹어야 했다. 점심으로 샌드위치와 우유, 가벼운 스낵 등을 먹으면 3~5달러(약 3,600~6,000원) 가격이었다.

2020년 3월 코로나19로 학교 대면 수업이 중단됐다가 1년여 만에 다시 대면 수업을 시작한 뒤 달라진 것 중 하나가 소득 수준과 상관없이 원하는 학생 모두에게 무료로 급식이 제공된다는 사실이었다(안타깝게도 양질의 급식은 아니라서 상당수의 학생들이 코로나19 이전 때처럼 도시락을 싸 왔다).

모든 학생의 급식이 무료로 바뀐 것은 코로나19로 가정에서 끼니를 제대로 해결하지 못하는 '결식아동'이 크게 늘었기 때문이다. 미국 농무부USDA 조사에 따르면, 팬데믹 기간 동안 미국 내 성인 3,000만 명, 아동 1,200만 명이 제대로 식사를 하지 못하는 것으로 조사됐으며, 특히 백인에 비해 흑인과 라티노가 2배나 더 많았다. 이런 가운데 버니 샌더스 상원의원, 일한 오마 하원의원 등 미국 진보 정치인들은 팬데믹으로 도입된 무상 급식을 영구적으로 제도화하는 법안인 '보편적 학교급식법Universal School Meals Program Act of 2021'을 2021년 5월 상원과 하원에 각각 발의했다.

샌더스 의원은 법안을 제출하면서 낸 성명에서 "세계에서 가장 부유한 나라에서 매일 수백만 명의 어린이들이 굶주림에 허덕이는 것은 분노해야 할 일"이라면서 "모든 아이들은 배고픔 없이 양질의 교육을 받을 자격이 있다"고 밝혔다.

이들 의원은 보편적 무상 급식으로 저소득층 가정의 아동들이 급식비를 내지 못해 수모를 당하는 일을 막을 수 있다고 지적했다. 미국 전역에서 급식비를 내지 못한 학생들에 대한 '점심 창피주기Lunch-shaming' 관행은 흔한 일이었다.[6] 앨라배마주의 어느 학교에서는 급식비를 내지 못한 학생들의 팔

---

6   W. Island, "Put An End To School Lunch Shaming", 《Huffington Post》, 2017.09.09.

아노크라시

에 "나는 점심 급식비가 필요해요"라고 적힌 도장을 찍었고, 급식비를 내지 못한 학생들을 다른 학생들이 보는 앞에서 학교 식당 식탁을 청소시키는 경우도 있었다. 뉴멕시코주에서는 '점심 창피주기'를 금지하는 법안이 제출되기도 했다.

일시적으로 시행됐던 무상 급식은 2022년 4월 관련 재정이 모두 소진되면서 폐지되고 팬데믹 이전으로 돌아갔다. 무상급식법안은 2년 전과 똑같이 2년 회기를 넘겨 자동 폐기될 가능성이 높다.

2) 떼돈 번 '울트라슈퍼 리치'들 vs 더 열악해진 노동조건

나는 2019년 9월 워싱턴 D.C. 특파원으로 부임하면서 재택근무를 시작했다. 사무실을 마련할 형편도, 그럴 필요도 없는 상황이었다. 현장 취재를 나갔다가 집에 돌아와 기사를 쓰는 생활은 나름 만족스러웠다. 또 대부분의 브리핑 내용, 보도자료 등이 이메일, 홈페이지, 소셜 미디어 등을 통해 거의 실시간으로 공개되면서 공간적 제약도 크게 사라졌다. 자녀가 있는 부모 입장에서 출퇴근 시간을 아낄 수 있는 데다 업무 시간을 쪼개서 아이 돌봄도 가능했다. 아이에 대한 걱정이 크게 줄어들면서 일에 대한 집중도는 오히려 올라갔다. 그러나 재택근무 만족도는 코로나19 바이러스에 잠식당했다. 아이가 학교에 가지 않게 되자 하루 세끼 준비부터 시작해 돌봄 노동이 폭증했다.

노동시장에서 여성들의 퇴출:
1980년대 이래로 가장 낮은 경제 참여율

"돌밥돌밥(돌아서면 밥하고, 다시 돌아서면 밥하고의 준말)"

한국에서도 팬데믹 초기 자녀들의 휴교와 성인 가족의 재택근무로 하루 삼시 세끼를 꼬박꼬박 챙겨야 하는 여성들의 심정을 자조적으로 표현한 말이 유행했다. 미국의 상황도 크게 다르지 않았다. 오히려 한국은 빠르게 확진자 개인 동선을 추적해 밀접 접촉자들을 분류해 격리 조치를 취하는 등 과학기술과 행정력에 기반한 방역 조치를 취한 반면, 미국은 개인 정보를 상대적으로 더 중요하게 생각하기 때문에 이런 조치를 취할 수 없었다. 대신 미국은 무식하게(?) 필수 사업장을 제외한 모든 시설의 문을 걸어 잠갔다. 식당이 셔터를 내리고 영업을 하지 않아 음식을 배달시켜 먹는 호사조차 누릴 수 없었다. 2020년 3월 이후 한동안 워싱턴 D.C.는 '유령도시'를 방불케 했다. 백악관과 의회 근처 도로에는 차는커녕 지나는 사람을 거의 찾아볼 수 없었다. 사람이 사라진 워싱턴 D.C. 중심가의 분수대에서 야생 오리들이 한가롭게 목욕을 즐기는 모습은 영화 속의 한 장면 같은 현실이었다.

미 국립여성법률센터가 2021년 11월 발표한 보고서에 따르면, 2020년 2월 이후 미국에서 420만 개 이상의 일자리가 사라졌다. 그

중 여성의 일자리는 57.3%(약 240만 개)를 차지했다. 서비스업 중에서도 주로 고객을 응대하는 일처럼 여성들이 많이 종사하는 영역의 일자리가 더 많이 줄었기 때문이다.[7]

2020년 4월 14.7%로 1930년대 대공황 이래로 최악을 기록했던 미국의 실업률은 그해 하반기를 지나면서 빠르게 회복됐다. 2021년 10월의 실업률은 4.6%로 팬데믹 이전 수준으로 올라섰다. 동일한 시기 여성들의 실업률은 4.4%로 남성들과 유사하다. 그러나 이런 숫자에는 이미 대규모의 여성들이 노동시장을 이탈한 이면에 대해선 보여 주지 않는다는 함정이 존재한다. 미국 노동부에 따르면, 같은 기간 여성들의 노동시장 참여율은 1988년 이후 최저치 수준이다. 팬데믹이 본격화되기 직전인 2020년 2월 57.9%이던 노동시장 참여율은 그해 5월 55.3%로 뚝 떨어진 뒤 조금씩 회복되기 시작해 2022년 5월 57.0%를 기록했다. 여전히 팬데믹 이전에 비해 낮은 상태이며 가장 높던 때(2001년 3월 60.2%)와 비교하면 많은 여성들이 노동시장 자체를 떠났다는 사실을 알 수 있다.

여성들이 노동시장에서 먼저 배제되고 늦게 재편입되는 현상은 인종, 나이, 장애 여부 등에 따라 차이를 보였다. 팬데믹 초기 흑인, 라티노 등 유색인종 여성들이 백인 여성들에 비해 더 많이 일자리를 잃었고, 재취업하는 속도도 더뎠다. 장애 여성들은 2021년 10월에도

---

7 National Women's Law Center(https://nwlc.org)

10.7%라는 매우 높은 수준의 실업률을 기록했다.

여성들이 노동시장을 이탈하는 이유는 다양하겠지만, 육아를 포함한 가정 내 돌봄 노동이 중요한 이유 중 하나다. 마란 맥데이드 클레이 제네시밸리 여성재단 이사장은 팬데믹으로 학생들이 온라인 수업을 진행하는 동안 노동시장에서 여성들의 "대규모 이탈"이 발생했다고 지적했다. 그는 "유아기 미만의 아이를 위한 전일제 돌봄은 보육 비용이 높아 연당 1만 5,000달러(약 1,800만 원)에 육박한다"며 "이를 감당할 수 없는 사람들은 노동시장으로부터 이탈할 수밖에 없다"고 말했다.

미국의 열악한 모성보호 및 공공보육지원 시스템은 상황을 더 악화시킨다. 미국은 선진국 중 유일하게 국가적으로 보장된 유급 육아휴가가 없는 나라다. 세계적으로 평균 유급 출산휴가는 29주, 평균 유급 육아휴가는 16주다. 미국에서 2020년 민간 부문 노동자의 20%, 특히 저소득층 노동자의 8%만이 유급 가족휴가(family leave, 출산, 육아, 가족간호 등을 목적으로 요구할 수 있는 휴가)를 쓸 수 있었다.[8]

세계 10대 부자들은 팬데믹 기간 동안 재산이 2배 증가

국제구호개발기구 옥스팜의 보고서[9]에 따르면, 세계 10대 부자

---

8 Katie Gutierez, "There Is No Way I Could Have Gone to an Office 4 Weeks After Having a Baby", 《The Time》, 2021.02.22.

9 Oxfarm, "Ten richest men double their fortunes in pandemic while incomes of 99 percent of humanity fall", 2022.01.17.

들은 코로나19 사태 발생 이후 2년 동안 재산이 2배 이상 늘어났다.[10] 7,000억 달러(약 840조 원) 수준이던 이들의 재산은 1조 5,000억 달러 (약 1,800조 원)로 불어났다. 같은 기간 동안 세계 인구 99%가 소득이 감소하고 1억 6,000만 명 이상이 빈곤에 내몰렸다.

글로벌 갑부 10명은 내일 당장 재산의 99.999%를 잃어도 지구 상의 99%보다 더 부유하다. 이들 10명의 재산은 지구에서 가장 가난한 31억 명의 재산보다 6배나 많다. 옥스팜은 이런 극단적인 경제 불평등이 매일 최소 2만 1,000명, 4초마다 1명씩 사망하는 원인이 되고 있다고 주장했다.

왜 이런 일이 발생한 것일까? 옥스팜은 각국 정부에서 푼 수조 달러의 재난 지원금의 상당 부분이 부자들의 주머니에 들어갔기 때문이라고 지적했다.

중앙은행들이 경제를 살리기 위해 천문학적인 규모의 돈을 시장에 쏟아부었지만 그중 상당수는 주식시장의 호황을 타고 억만장자들의 주머니를 채웠다. 2008년 글로벌 금융위기 때 크게 논란이 됐던 '대마불사Too big to die'가 되풀이됐다. 이번 코로나19 사태 때도 보잉을 비롯한 미국 항공업계가 정부 지원금 250억 달러(30조 6,670억 원)를 지원받게 되자 논란이 일었다. 페이스북 전 부사장이자 투자회사

---

10 경제전문지 《포브스》에 따르면, 세계 상위 10대 부자들은 모두 코로나19 기간 동안 재산이 크게 증가하다가 2022년 들어 세계 증시에서 주가 급락세 양상을 보이면서 감소했다. 그러나 팬데믹 기간 동안의 재산 증식액과 비교하면 미미한 수준으로 줄었다.

소셜캐피털의 최고경영자인 차마스 팔리하피티야는 "항공사가 망하도록 놔둬야 하냐"는 질문에 "그렇다"고 답한 대표적인 경제계 인사다. 그는 기업 경영진과 이사회가 대주주인 헤지펀드와 기관투자자들의 탐욕을 충족시키기 위해 자사주 매입^{Buyback}과 주주 배당에만 골몰해 왔다며 이런 기업을 구제하는 데 납세자의 세금이 쓰여서는 안 된다고 주장했다. 매년 막대한 현금 자산이 경영진과 주주들의 호주머니로 들어가서 재정적 파탄이 초래돼도 납세자들로부터 막대한 구제금융 덕분에 좀비기업으로 다시 살아난다. 대기업이 망하면 고용된 노동자들이 일자리를 잃어 고통을 당할 수 있다는 이유로 경제 위기 때마다 대기업들은 살아남았다.[11]

'나쁜 일자리'를 더 나쁘게 만든 코로나19

"의사, 주지사, 시장들은 우리에게 스스로를 격리시키고 집에 머물러야 한다고 말한다. 부자들은 인구가 적은 지역에 있는 그들의 별장(두 번째 집)으로 가는데, 노동자들은 선택의 여지가 없다. 하루 벌어 하루 먹고살고 있고, 유급 병가 및 가족 돌봄휴가가 부족할 때, 집에 있는 것은 선택 사항이 아니다. 가족들을 먹여 살리고 집세를 내기 위해선 일을 해야 한다. 그리고 노동계급에서 이는 집을 벗어

---

11 CNBC, "U.S. shouldn't bail out hedge funds, billionaires during coronavirus pandemic: Chamath Palihapitiya", 2020.04.09.

나 다른 사람들과 접촉하는 것을 의미하고, 이들은 (병에 걸리면서) 바이러스를 퍼뜨리고 있다."[12]

버니 샌더스 상원의원이 2020년 3월 《뉴욕타임스》에 기고한 글의 일부다. 코로나19 사태는 가뜩이나 열악한 미국의 노동 현실을 더 악화시켰다. 경제적 양극화 현상은 아마존의 제프 베이조스, 테슬라의 일론 머스크 등 '울트라 슈퍼 리치'들이 떼돈을 버는 것에만 국한되지 않았다. 노동계층 내에서도 재택근무가 가능한 사무직, 전문직 노동자들과 재택근무가 불가능한 저임금 노동자들 간에도 격차가 더 벌어졌다.

이미 '나쁜' 일자리였던 일자리가 '더 나쁜' 일자리가 되는 현상은 서비스직에서 두드러지게 나타났다. 팬데믹 사태로 많은 노동자들이 서비스 업종을 떠났다. 미국 노동통계국에 따르면, 2020년 현재 서비스업 종사자들의 평균 임금은 시간당 12~14달러 수준이다. 이는 미국에서 기본적인 의식수를 감당하기엔 턱없이 부족한 돈이다.

다니엘 슈나이더 '시프트 프로젝트'[13] 공동 설립자는 저임금, 불규칙한 교대근무 시간, 휴가조차 제대로 주어지지 않는 열악한 노동조건 등이 팬데믹 이전부터 고질적인 문제였다고 지적했다.[14] 이런

---

12 Bernie Sanders, "The Foundations of American Society Are Failing Us", 《The New York Times》, 2020.03.20.

13 달러 제너럴, 스타벅스, 메이시스 등 시간제 노동자들에 대한 연구조사 프로젝트

14 Amanda Mull, "Omicron Is Making America's Bad Jobs Even Worse", 《The Atlantic》, 2022.01.14.

가운데 발생한 감염병 사태는 이들의 노동조건을 더 열악하게 만들었다. 바이러스에 노출될 위험을 고스란히 감수하면서 저임금을 받고 일하다가 병에 걸리면 치료를 위한 휴가조차 보장받지 못했다.

제프 베이조스의 초호화 유람선과 아마존 노동자의 페트병 오줌

네덜란드 로테르담 시의회는 1878년 건축돼 144년째 자리를 지키고 있던 코닝스하벤 다리를 부분 철거하기로 2022년 2월 결정했다. 이 다리는 제2차 세계대전 당시 나치의 폭력에 무너졌지만 전쟁 중인 1940년 재건됐다. 1994년 국가 지정 문화재가 된 이 다리는 이 지역의 상징으로 꼽힌다.

아마존 창업자이자 세계에서 두 번째로 부자인 제프 베이조스 때문에 이 다리가 철거 위기에 처했었다. 그는 높이 40m, 길이 127m의 슈퍼 요트 Y721를 네덜란드의 오션코를 통해 건조했다. 요트 내부에는 자동차뿐 아니라 잠수함도 탑재되며 가격은 4억 8,500만 달러(약 5,825억 원)로 알려졌다.

네덜란드에서 건조한 요트를 미국에 거주 중인 베이조스가 수령하기 위해서는 코닝스하벤 다리를 통과해야 한다. 요트가 바다로 나갈 수 있는 다른 길은 없다. 때문에 다리를 철거하지 않으면 요트의 일부만 건조하고 나머지는 다른 지역으로 옮겨 완성시켜야 한다. 그러자 로테르담시가 일자리 창출을 비롯, 경제적 이익을 고려해 '울며 겨자 먹기'로 다리의 중앙 부분을 해체했다가 요트를 통과시킨 뒤 다시 조립하는 선택을 내렸다.[15] 다리 분해 및 조립에 드는 비용은 전부 베이조스가 부담하기로 했다. 다행히 이런 사실이

---

15 Miriam Berger, "Rotterdam to dismantle part of historic bridge so Jeff Bezos's massive yacht can pass through", 《The Washington Post》, 2022.02.02.

　　　　　　　　　　　　　　　　　　　　　　　아노크라시

알려진 뒤 국제적 논란이 일자 오션코 측은 시 당국에 다리를 해체하지 말아 달라고 요청하면서 철거는 면했다.

베이조스의 초호화 요트 논란은 현재 진행형인 아마존의 노동조건 논란을 떠올리면 더 씁쓸해진다. 아마존은 창립 이래 무노조 경영을 고집해오고 있다. 영국의 저널리스트 제임스 블러드워스는 아마존 물류창고 직원으로 취업해 겪은 내용으로 《하이어드》[16]라는 책을 썼다. 그는 이 책을 통해 '오줌이 든 페트병' 등 아마존의 열악한 노동조건에 대해 고발했다. 그는 일하면서 창고 선반에 숨겨져 있던 페트병 속에 오줌이 든 것을 발견했다며 화장실 갈 시간이 부족할 정도로 과도한 업무가 부과된다고 폭로했다.

아마존 물류창고 노동자들은 회사에서 정한 규정을 위반하면 징계 점수를 받는데, 6점이 해고 사유였으며, 병가를 낼 경우 1점의 징계 점수를 받았다. 또 노동자들이 근무 시 부착하는 휴대용 장치를 통해 노동자들을 감시하는 것이 가능해서 조금이라도 업무 처리 속도가 늦어진다고 파악되면 관리자가 메시지를 보냈다.

2021년 아마존 앨라배마 물류창고 직원들이 처음으로 노조 결성 움직임을 보이자 아마존 사측에서 이를 노골적으로 방해하면서 여론전을 벌이는 과정에서 '오줌병' 논란이 다시 불거지기도 했다. 아마손 2021년 3월 25일 자사 트위터 계정을 통해 "병에 오줌을 눈다는 얘기를 정말 믿는 것은 아니냐"고 말도 안 된다는 식으로 반응했지만 대중들의 반응은 싸늘했다. '오줌병' 존재를 역으로 인정하는 것 아니냐며 무노조 경영을 고집하는 아마존에 대한 비판 댓글이 쇄도했다.

사측의 탄압을 뚫고 2022년 4월 뉴욕 스태튼아일랜드의 물류창고에

---

16 James Bloodworth, 《Hired: Six Months Undercover in Low-Wage Britain》, Atlantic Books, 2018.

서 노조 설립 찬반 투표가 이뤄지면서 노조가 만들어질 수 있는 길이 열렸다. 그러나 아마존은 노조 조직화를 주도한 직원 2명을 해고했다. 노조가 결성된 물류창고 소속 매니저 6명도 해고됐다. 아마존 측은 이들을 해고한 이유에 대해 밝히지 않았지만, 노조 결성과 관련된 보복 해고로 보인다.

'안티워크', '대퇴사', 노동자들의 반란

"반노동: 부자들만이 아닌 모두를 위한 무직!Antiwork: Unemployment for all, not just the rich!" 팬데믹 기간 동안 커뮤니티사이트 레딧Reddit에서 폭발적으로 사용자가 늘어난 서브레딧 중 하나다. 2020년 10월 18만 명이던 사용자가 2022년 7월 현재 200만 명 이상으로 늘었다.

스스로를 "게으름뱅이Idler"이라고 부르는 이들은 먹고살기 위해 최소한의 일을 하는 사람들이다. 이 페이지의 운영자인 도린 포드는 "모두가 코로나19, 과로, 주택담보대출, 임대료 등으로 한계에 처해 있다"며 "이를 야기하는 일들을 덜 하기를 원하는 것은 잘못이 아니다"라고 말했다. 그는 '반노동 운동' 이면에는 "자본주의를 전복시킴으로써 노동의 강압적인 요소를 최대한 줄이려는 생각"이 깔려 있다고 밝혔다.[17] 이 페이지에서 활동하는 이들은 주로 20~30대의 MZ세대이며, 버니 샌더스와 알렉산드리아 오카시오 코르테즈를 지지하는 진보, 사회주의자, 아나키스트 등으로 자신들을 정체화한 이들이다.

---

17 Alex Mitchell, "'Anti-work' threads on Reddit are fueling the Great Resignation", 《The New York Post》, 2022.01.17.

'안티워크'에서 가장 크게 환영받는 게시물은 자신의 사직서를 찍은 사진이다. 포드는 '게으름뱅이'들이 단지 침대에서 나오기 싫은, 일하고 싶지 않은 사람들만이 아니라며 이들의 '저항성'에 대해 강조한다. 이들은 식품 업체 켈로그가 파업 중인 공장 노동자를 대신할 인력 채용에 나서자 수천 건의 가짜 지원서를 내며 이를 방해하기도 했다.

　　'안티워크'는 팬데믹 기간 동안 일어난 대규모 노동자 이탈 현상인 '대퇴사Great Resignation' 현상과 연결돼 있다. 미국 노동부는 2021년 11월까지 453만여 명이 일자리를 떠났다(전체 노동 인구의 3%에 해당한다)고 밝혔다. 이는 미국 정부가 퇴직자 집계를 시작한 2000년 12월 이후 가장 많은 규모라고 한다. 텍사스 A&M 대학 앤서니 클로츠 부교수는 이런 노동력 이탈 현상을 '대퇴사'라고 이름 붙였다. 1930년대가 '대공황'의 시대였다면, 1960~1980년대의 '대압착'의 시대를 지나 팬데믹의 영향으로 '대퇴사'의 시대에 이르게 됐다는 것이다.

　　'대퇴사' 현상은 노농운동이 전멸했다고 볼 수 있는 미국에서 아마존, 스타벅스 등의 새로운 노동조합 설립 움직임으로도 이어졌다. 지난 2021년 12월 9일, 뉴욕주 버펄로의 한 스타벅스 매장에서 첫 노조가 탄생했다. 스타벅스 창립 50여 년 만에 처음, 미국 내 스타벅스 매장 9,000곳 중 최초 노조 결성이었다. 그러나 노동자들의 대거 이탈을 긍정적인 신호로만 볼 수는 없다. 이는 여성들의 전통적인 역할로의 회귀, 빈곤 문제의 악화 등 부정적인 결과로 이어질 수 있다.

3) 인종적 건강 불평등:
흑인·히스패닉이 코로나19에 취약한 이유

미국 질병통제예방센터^{CDC}의 2020년 사망 사고 분석 보고서에 따르면, 전체 사망자 수는 전년에 비해 20% 정도 증가했고, 이 중 코로나19로 인한 사망자(35만 831명)가 70%나 됐다. 코로나19 사망자는 그해 전체 사망자의 10.4%를 차지했다. 심장질환, 암에 이어 사망 원인 3위를 기록한 것이다.

미국에서 코로나19 사망자 수는 인종별로 큰 편차를 보였다. 인구 10만 명당 코로나19 사망자 수는 아메리카 원주민 혹은 알래스카 원주민이 187.8명으로 가장 많았으며, 히스패닉이 164.3명, 흑인 151.1명인 반면 아시안은 66.7명, 백인은 72.5명에 그쳤다.[18] 히스패닉이 백인에 비해 코로나19로 사망할 가능성이 2배 이상 높았다.[19] 그 이유를 추론해 보면 다음과 같다.

① 밖에 나가 일하는 것 이외 선택의 여지가 없다

흑인과 히스패닉이 코로나19에 취약한 가장 큰 이유는 '빈곤'이다. 팬데믹 초기 미국은 연방 정부 차원에서 식료품 구입과 같은

---

18 CDC, "Provisional Mortality Data — United States, 2020", 2021.04.09.
19 2020년 미국 인구센서스 조사 결과, 인종별 인구분포는 백인 59%, 흑인 18%, 히스패닉·라티노 14%, 아시안 6% 등이다.

필수적인 활동을 제외하고는 집에 머무르라는 '스테이 엣 홈^{Stay At Home}' 지침을 권고했지만, 흑인과 히스패닉은 그럴 수 없는 경우가 많았다. 이들은 식료품점 직원, 배달기사, 운전기사 등 재택근무를 할 수 없는 직종에서 일하는 비율이 높다. 이들은 먹고살기 위해 집을 나서야 하며, 이들의 노동 덕분에 다른 주민들이 집에 머무르는 안전한 생활이 가능했다.

② 열악한 주거 환경: 자가 격리가 불가능하다

또 흑인, 히스패닉 저임금 노동자의 대다수는 집에서도 비말 전염을 막을 수 있는 거리인 2미터(6피트)를 확보하기 힘들다.

뉴욕을 비롯한 대도시의 가난한 이민자들은 '사회적(물리적) 거리두기'를 위한 가장 효과적인 수단인 '자택 격리'가 애초에 불가능한 상황이다. 한 아파트에 여러 명이 세 들어 사는 이들의 주거 형태에서 집은 오히려 바이러스 배양지 역할을 했다.[20]

③ 흑인·히스패닉의 높은 사망률은 '인종별 건강 불평등'을 보여 준다

미국 보건의학 전문가들은 흑인들이 코로나19로 인한 사망 비율이 높게 나타나는 원인 중 하나로 '기저질환'을 꼽았다. 전 세계적으

---

[20] Annie Correal and Andrew Jacobs, "A tragedy is unfolding: Inside New York's virus epicenter", 《The New York Times》, 2020.04.09.

로 고연령대에서 코로나19로 인한 사망 비율이 높게 나타나는 원인
도 기저질환과 면역력이다. 경제적 불평등에 기인한 인종별 건강 불
평등으로 인해 흑인, 히스패닉들의 사망률이 더 높다는 설명이다.

흑인과 히스패닉 중에는 의료보험에 가입하지 못한 이들이 많기
때문에 아파도 병원에 가서 치료를 받지 않아 기저질환을 갖고 있는
사람들이 많았다. 코로나19 의심 증상이 나타나도 병원비 걱정 때문
에 빨리 병원을 찾지 않아 병을 키운 이들도 많았다.

④ 사회적 편견: 마스크조차 쓸 수가 없다

흑인들은 인종적 편견 때문에 마스크 착용이 힘들다. 흑인 남성
들이 얼굴을 가리면 잠재적 범죄자로 취급받을 수 있다. 미국에서 무
고한 흑인 남성들이 경찰의 과잉 대응으로 사망하는 일은 드문 일이
아니다. 2020년 경찰의 과잉 대응으로 사망한 민간인은 1,004명으
로 집계됐는데, 이들 중 229명이 흑인 남성들이다.[21]

---

21 《The Washington Times》의 "fatal force" 데이터베이스 인용

트럼프 정부, 코로나19 사망자 수 40% 줄일 수 있었다

트럼프 정부의 코로나19 대응 정책이 달랐다면 사망자의 40%를 줄일 수 있었을 것이라는 연구 결과가 나왔다. 의학 학술지 《랜싯》에서 트럼프 행정부의 공공·보건 정책 분석을 위해 구성된 위원회가 코로나19 대응을 분석한 결과다.[22]

보고서는 미국이 다른 주요 7개국[G7] 수준으로 코로나19에 대응했다면 코로나19 사망자 중 약 40%인 16만 명은 죽지 않았을 것이라고 지적했다. 이 보고서가 발표될 당시 코로나19 사망자 수는 47만여 명에 달했다.

이들은 트럼프가 코로나19 사태를 심각하게 받아들이지 않았으며, 심지어 음모론을 퍼뜨리고 마스크 착용을 권장하지 않았으며, 바이러스 확산을 막기 위해 총력을 다해야 한다는 과학자들의 의견을 간과한 점을 문제로 지적했다.

보고서는 또 트럼프의 과오 외에도 미국의 공공·보건 인프라가 제대로 갖춰지지 않아 사태가 악화했다고 밝혔다. 랜싯 위원회 추산으로는 트럼프 취임 후 3년 동안 의료보험 미가입자가 230만 명이나 늘어났다. 현재 미국 의료보험 미가입자는 인구의 8.5%에 달하는 3,000만 명 수준으로 추산된다.

---

22 Steffie Woolhandler etc., "Public policy and health in the Trump era", 《Lancet》, 2021.02.10.

거짓으로 점철된
트럼프의 코로나 정치

1) 트럼프의 코로나 거짓말 1:
확진 사실 숨기고 바이든과 TV 토론

"대통령, 사회자는 접니다."(크리스 월리스 당시 폭스뉴스 앵커)

"제발 입 좀 다물어!"(바이든 민주당 대선후보)

"조, 당신이 거짓말쟁이야!"(트럼프 당시 미국 대통령, 공화당 대선후보)

2020년 9월 29일 트럼프와 바이든의 첫 TV 토론이 진행됐다. 이날 밤 코로나19 확산 우려 때문에 오하이오주 클리블랜드에서 최소 인원만 참석해 진행된 토론회를 TV로 지켜보던 나는 경악을 금치 못했다. 트럼프는 토론회 규칙이나 사회자 제지 따위는 아랑곳하지 않고 노골적으로 바이든의 말을 자르거나 끼어들었고, 급기야 서로 고성이 오가는 난장판이 됐다. CNN은 "이제까지 본 대선후보 토론회 중 가장 엉망진창Chaotic인 토론회"라고 평가했다.

당시 언론들은 트럼프가 이날 특유의 뻔뻔함과 공격성을 앞세워 기선을 잡는 전략을 썼다고 평가했지만, 나중에 그가 매우 불안하고 다급할 수밖에 없었던 진짜 이유가 밝혀졌다. 트럼프는 당시 코로나19 검사에서 양성 반응을 보인 직후였고, 이를 숨긴 채 바이든과 TV 토론을 강행했다. 게다가 이런 사실은 대선이 끝나고 1년 넘게 지나서야 처음 알려졌다.

마크 메도스 당시 백악관 비서실장은 2021년 12월 발간된 회고록[23]을 통해 트럼프가 2020년 9월 26일 첫 코로나19 양성 반응을 보였다고 밝혔다. 트럼프와 백악관이 공식적으로 확인한 코로나19 확진 판정 일자(10월 1일)보다 무려 1주일 전이다. 메도스는 이날 오전 트럼프에게 "피곤해 보인다"고 말했는데, 저녁에 주치의로부터 트럼프가 코로나19 양성 반응이 나왔다는 연락을 받았다. 트럼프는 고집을 피워 '비낙스'라는 항원 검사를 다시 받았고 이번에는 음성 판정을 받았다. 트럼프는 이날 주치의의 만류를 무시하고 펜실베이니아주에서 열린 대규모 유세에 참석했다.

이에 앞서 트럼프는 백악관 로즈가든에서 고(故) 루스 베이더 긴즈버그 연방대법관의 후임으로 에이미 코니 배럿 대법관을 지명, 발표하는 행사를 치렀다. 참석자 다수가 '노(No) 마스크'에 사회적 거리두기를 무시했던 이날 행사에서는 백악관 참모진, 언론인 등 8명의

---

23 Mark Meadows, 《The Chief's Chief》, All Seasons Press, 2021.

코로나19 확진자가 나와 '슈퍼 확산 잔치'라는 비난을 받았다.

트럼프는 다음 날에는 참전용사 가족들을 위한 행사를 열었고, 9월 29일에는 바이든과 첫 TV 토론을 가졌다. 메도스는 후보들이 토론 72시간 전에 코로나19 음성 판정을 받아야 한다는 것을 알고 있었지만 "트럼프가 토론에 나가는 것을 막을 수 있는 사람은 없었다"고 밝혔다. 토론회 진행자였던 크리스 월리스는 트럼프가 토론회 장소에 늦게 도착했고, 주최 측은 트럼프와 참모진의 보고에 의존했기 때문에 토론회 전에 별도로 코로나 검사를 하지 않았다고 밝혔다.

이처럼 일주일 가까이 검사 결과를 숨겨 오다가 결국 트럼프는 자신과 부인의 코로나19 양성 판정 사실을 10월 2일 새벽 자신의 트위터 계정을 통해 공개했다. 대선(11월 3일)을 목전에 두고 발생한 현직 대통령의 코로나19 감염으로 미국 정치권은 발칵 뒤집어졌다. 그는 첫 TV 토론회에 동행했던 호프 힉스 백악관 보좌관으로부터 감염된 것 같다고 밝혔지만 사실이라고 보기는 힘들다.

트럼프는 공식적으로 코로나19 감염을 밝힌 이후에도 격리 수칙을 전혀 지키지 않고 제멋대로 행동했다. 그는 10월 2일 오후 백악관에서 헬기로 메릴랜드주에 있는 월터리드 군병원으로 이동해 입원했다. 그는 입원 중에도 양복으로 갈아입고 마스크를 쓴 채 자신의 전용 SUV 차량을 타고 병원 앞에서 자신의 쾌유를 기원하는 지지자들을 위한 '깜짝 외출'을 했다. 지지자들은 환호했지만 대통령 전용 차량은 안전을 위해 방탄뿐 아니라 화학 공격에 대비해 완전 밀폐된 공간이기 때문에 동승한 운전사와 경호 요원들은 코로나19 바이러스에 노출됐다.

그는 입원 사흘 만에 퇴원을 강행했다. 당시 CDC는 해열제를 먹지 않아도 열이 없는 회복세가 최소 3일 경과하고 첫 증상 발현일로부터 최소 10일이 지났을 경우 격리를 해제할 수 있다고 지침을 내렸다. 트럼프는 이를 무시하고 10월 5일 저녁 헬기를 타고 백악관으로 돌아왔다. 트럼프는 별다른 말 없이 계단을 통해 백악관 발코니로 올라간 뒤 앞을 보고 비장하게 마스크를 벗었다. 그는 발코니에서 마스크를 벗고 한동안 사진기자와 카메라를 향해 포즈를 취한 뒤 백악관 건물 안으로 들어갔다.

트럼프는 퇴원 직전에 트위터를 통해 퇴원 사실을 공개하면서 "코로나19를 두려워하지 말라. 그것이 당신의 삶을 지배하게 하지 말라"는 글을 올리기도 했다. 트럼프의 이 발언은 당시 이미 21만 명에 달했던 코로나19 사망자 유가족들에게 큰 상처가 됐다. 그해 7월 41세의 나이로 사망한 배우 닉 코데로의 부인은 언론 인터뷰를 통해 트럼프 대통령의 발언에 대해 "코로나19를 두려워하지 말라고 했는데 우리는 매일매일이 두려웠다"며 "심장에 칼이 꽂히는 것 같았다"며 눈물을 흘렸다.[24]

트럼프는 당시 증세가 가벼웠다는 자신의 주장과 달리 산소포화

---

24 "'It's like a dagger in the heart': Nick Cordero's widow reacts to Trump's tweet on Covid-19", CNN, 2020.10.07.

도가 일시적으로 급격하게 떨어져 산소 공급을 받는 등 위중한 상태였다. 그는 고가의 '항생제 칵테일 요법'을 비롯한 VVIP 치료를 통해 회복됐다. 이런 VVIP 치료를 받는 것은 극히 소수의 특권층만 가능한 일이었다.

트럼프 백악관은 코로나19 핫 스폿

마스크 착용과 같은 코로나19 방역 지침을 무시하는 대통령 덕분에 트럼프 재임 시 백악관은 코로나19 확진자가 끊임없이 발생했다. 방역 지침 위반은 당시 백악관과 트럼프 주변 측근들 중 코로나19 확진자 숫자로 드러난다. 트럼프의 부인과 자녀들(도널드 트럼프 주니어, 배런 트럼프), 마크 메도스 비서실장, 케일리 맥커니 대변인, 호프 힉스 보좌관, 스티븐 밀러 보좌관 등 참모진들, 마이크 리, 톰 틸리스, 데빈 누네스 등 충성파 상하원 의원들, 루디 줄리아니, 크리스 크리스티 등 비선 측근 등 60명이 넘는 트럼프 측근 인사들이 코로나19 확진 판정을 받았다.

　가장 큰 피해 집단은 대통령 및 부통령과 그 가족들의 경호를 담당하는 비밀경호국 직원들이었다. 비영리 감시단체 '워싱턴의 책임과 윤리를 위한 시민들CREW'이 정보공개를 통해 확보한 자료 분석 결과에 따르면, 지난 2020년 3월 1일부터 이듬해 3월 9일까지 비밀경호국[25] 직원 881명이 코로나19 확진을 받았다.[26]

---

25 비밀경호국은 국토안보부 산하 기관으로 대통령 경호, 위조화폐 수사, 금융 관련 사이버 범죄 수사 등을 담당하며 특수 요원 3,200명을 포함한 6,500명가량이 근무한다.

26 Citizens for Responsibility and Ethics in Washington, Jordan Libowitz, "Nearly 900 Secret Service employees got COVID", 2021.06.22.

이들 중 거의 절반 수준인 477명이 대통령 및 부통령과 그 가족들의 경호를 담당하는 부서 소속으로 알려져 코로나19에 감염됐던 트럼프로부터 감염된 경우가 상당수에 이른 것으로 보인다.

2) 트럼프의 코로나 거짓말 2:
2020년 1월 "미국인 67만 사망 가능성" 보고 받았다

"2020년 1월 28일 최고위급 국가안보회의, 로버트 오브라이언 백악관 국가안보보좌관은 트럼프에게 코로나19에 대해 '대통령 재임 중 가장 큰 국가 안보 위협이 될 것'이라고 보고했다. 당시 안보보좌관실의 맷 포틴저는 트럼프에게 코로나19로 1918년 스페인 독감에 의한 팬데믹만큼 심각한 상황이 초래될 수 있다면서, 전 세계적으로 약 5,000만 명, 미국인은 67만 5,000명이 사망할 수도 있다고 말했다."

트럼프는 미국에서 코로나19가 심각한 문제가 될 것을 2020년 1월에 알고도 이를 방치했다. 당시 미국에서 코로나19 환자가 12명도 채 안 되는 시점이었다. 그러나 이런 충격적인 보고를 듣고도 트럼프가 취한 행동은 '중국 여행 제한' 조치를 취하는 것으로 그쳤다. 리처드 닉슨 전 대통령을 낙마시킨 '워터게이트' 사건 특종보도로 유명한 밥 우드워드 《워싱턴포스트》 부편집인은 2020년 9월 발간

된 《격노Rage》[27]를 통해 이런 사실을 폭로했다.

트럼프는 그해 2월 7일 우드워드와의 인터뷰에서 코로나19의 위험성에 대해 "매우 놀랍다"면서 이 질병이 독감보다 5배나 "치명적"이라고 말했다. 그러나 트럼프는 그해 2월 28일 사우스캐롤라이나주 유세에서 지지자들에게 코로나19를 "새로운 사기Hoax"라면서 "지금까지 미국에서 코로나19 바이러스로 죽은 사람은 아무도 없다"고 말했다. 미국에서 첫 코로나19 사망자는 바로 다음 날 발생했다.

트럼프는 2월 말부터 시작된 백악관 코로나19 브리핑에서도 "독감 같은 질병", "바이러스는 곧 사라질 것"이라고 국민들을 상대로 대놓고 수차례 거짓말을 했다.

2022년 5월 12일 미국의 코로나19 사망자는 100만 명을 넘어섰으며, 이날 백악관에는 조기가 게양됐다.

3) 트럼프의 코로나19 거짓말 3: 클로로퀸, 살균제 주사, 과학을 무시하는 정치

트럼프는 2020년 3월 15일 백악관 코로나19 일일 브리핑에서 말라리아 치료제인 하이드록시클로로퀸(이하 클로로퀸)을 직접 거론하며 "이 약물을 사용하면 증상을 완화할 수 있다"며 식품의약국FDA의 승

---

27 Bob Woodward, 《RAGE》, SIMON SCHUSTER, 2020. 우드워드는 이 책을 쓰기 위해 트럼프를 18번(2019년 12월 5일~2020년 7월 21일) 심층 인터뷰했다고 밝혔다.

인 절차를 단축했다고 밝혔다. 그러나 클로로퀸의 치료 효과에 대해선 과학적으로 입증되지 않았다. 앤서니 파우치 국립 알레르기·전염병연구소^{NIAID} 소장 등 전문가들은 클로로퀸의 효능이 입증되지 않았다면서 반대 입장을 공개적으로 밝혔다. 《워싱턴포스트》는 트럼프의 이런 제안의 배후로 측근 루디 줄리아니 전 뉴욕 시장을 지적하며 이권이 개입된 것이 아니냐는 의혹을 제기하기도 했다.

트럼프는 그해 4월 23일 백악관 코로나19 브리핑에서 더 기이한 제안을 했다. 그는 표백제가 침 속의 바이러스를 5분 안에 죽였고, 살균제는 이보다 더 빨리 바이러스를 죽였다는 한 연구 결과를 언급하면서 "주사로 살균제를 몸 안에 집어넣는 방법은 없을까? 폐에 들어간다면 어떻게 될지 확인해 보면 흥미로울 것 같다"고 말했다.

트럼프의 이런 말도 안 되는 주장은 거센 반발을 낳았다. 이날 당장 CDC는 살균제를 부적절하게 상용해선 안 된다는 경고문을 트위터에 올렸다. 살균제 라이솔 제조사인 레킷벤키저는 어떤 상황에서도 살균제를 인제에 주입하거나 코로나19 치료제로 사용돼선 안된다는 경고문을 발표했다.

트럼프가 이 발언을 한 다음 날인 24일 통상 1시간 넘게 진행되던 백악관 브리핑이 20여 분 만에 끝났으며, 트럼프는 기자들의 질문도 받지 않고 황급히 자리를 떴다. 25일엔 브리핑을 열지 않았다.

"살균제 주사" 발언이 터져 나오기 전부터 백악관 내에선 코로나19 TF 브리핑에 트럼프가 매일 참석해 장시간 기자들과 설전을 벌이는 것이 위험하다는 지적이 나왔다. 하지만 트럼프 본인은 참모들의 우려에도 불구하고 브리핑 참석을 고집했다. 코로나19 사태로 선거 유세를 할 수 없는 상황에서 트럼프는 TF 브리핑을 자신의 치적을 자랑하는 "공짜 선거 유세로 활용하고 있다"는 비판이 제기됐다.

트럼프의 클로로퀸, 살균제 발언 등은 공식적인 논의의 장에서는 '해프닝' 정도로 취급되며 금세 사라졌지만, 팬데믹이 길어지면서 전 세계적으로 확산된 각종 '코로나19 음모론'의 매우 중요한 '자양분'이 됐다. 트럼프의 과학을 무시하는 태도는 마스크 의무화, 백신 접종 등 팬데믹 종식에 가장 핵심적인 공동체 차원의 방역 노력을 좌초시키는 데도 매우 중요한 역할을 했다.

4) 트럼프의 코로나19 거짓말 4: '중국 바이러스', 선거 전략으로 활용된 팬데믹

트럼프는 팬데믹 초기부터 코로나19를 '중국 바이러스China virus'라고 부르며, '중국 책임론'을 제기했다. 그는 선거라는 민감한 시기에 팬데믹 사태가 발생하고, 미국이 세계에서 확진자와 사망자 숫자 모두 1위를 차지하는 등 대응에 실패하자 책임을 회피하고자 '중국'을 타깃으로 삼았다.

코로나19를 '중국 바이러스'라고 부르는 것에 대해 "인종차별적 발언"이라는 비판이 여러 차례 제기됐으며, 세계보건기구WHO도

이러한 용어를 사용하지 말라는 입장을 밝혔다. 트럼프는 자신의 입장에 동조하지 않는 WHO에 대해 크게 불만을 제기하며, 재임 중에 WHO 지원을 중단하겠다고 발표했다. 그의 노골적인 아시안 혐오는 팬데믹 이후 미국 사회의 심각한 사회 문제 중 하나로 떠오른 '아시안 증오 범죄'를 촉발시켰다.

1918년 대유행했던 '스페인 독감'도 정치적인 이유로 붙여진 이름이다. 독일, 오스트리아, 프랑스, 미국, 영국 등에서 크게 확산돼 5억 명을 감염시키며 최소 5,000만 명에서 많게는 1억 명까지 사망에 이르게 한 것으로 알려진 이 질병은 스페인에서 유래되지 않았다. 이 질병의 발생지는 동아시아, 유럽, 심지어 미국 캔자스주 등이라는 논란이 지금까지 계속되고 있다.

그런데 왜 '스페인 독감'이라고 불리게 됐을까? 제1차 세계대전 와중에 발생한 이 독감은 당시 전쟁에 참여했던 국가들 사이에서 대유행했는데, 이들 국가는 적국에 이로운 소식을 피하려고 일부러 전염병 확산 정보를 숨겼다. 반면 전쟁에 개입하지 않아 중립적이었던 스페인은 그럴 필요가 없었고, 결과적으로 '스페인 독감'이라는 오명을 뒤집어쓰게 됐다.[28]

---

28 Richard Gunderman, "Ten Myths About the 1918 Flu Pandemic", 《Smithsonian Magazine》, 2018.01.12.

한국과 미국의
코로나19 대응, 왜 달랐을까?

2022년 7월 현재 한국의 코로나19 누적 확진자 수는 1,907만여 명, 사망자는 2만 4,000여 명 선이다. 2차 접종까지 마친 백신 접종률은 86.9%에 달한다. 'K-방역'이라며 코로나19 대응에 성공한 것처럼 보였던 한국도 2022년 초 치명률은 떨어지지만 전염성은 높은 오미크론 변이가 크게 유행하면서 확진자 수가 급속하게 늘었다.

그러나 전 세계적으로 코로나19의 치명률(확진자 수 대비 사망자 수 비율)은 1.16%인데 비해 한국의 치명률은 0.1%로 가장 낮은 수준이다. 싱가포르(0.1%), 대만(0.2%) 등 동아시아 국가, 덴마크(0.2%), 노르웨이(0.2%) 등 일부 북유럽 국가, 호주(0.1%), 뉴질랜드(0.1%) 등 오세아니아 국가들도 낮은 치명률을 기록했다. 반면 같은 기간 동안 미국의 코로나19 확진자는 8,900만여 명, 사망자는 104만 명으로 세계에서 가장 많다. 치명률도 1.2%나 된다. 세계에서 가장 발달한 과학기술과 의료기술을 자랑하는 미국이 왜 코로나19 대응에 취약하기 짝이 없는 모습을 보였을까?

결정적인 이유는 국가의 방역 지침을 거부하는 이들이 많았기 때문이다. 팬데믹 초기 일부 미국인들은 코로나19가 '가짜 뉴스'라고 굳게 믿었다. 이들은 감염병 확산을 막기 위해 주지사들이 내린 행정명령에 강력하게 저항하며 마스크를 쓰지 않고 거리에서 성조기를 흔들며 하루라도 빨리 봉쇄를 풀고 경제 활동을 재개해야 한다고 주장했다.

미국은 세계에서 가장 먼저 코로나19 백신을 개발한 국가지만, 마스크 착용을 거부했던 이들이 백신 접종도 거부하면서 백신 접종률(2차 접종까지 완료한 비율 66%)도 다른 국가들에 비해 떨어졌다. 방역 지침을 거부한 이들의 절대다수는 공화당 지지자들이었다. 일부 공화당 지지자들은 코로나19 TF의 수장격인 앤서니 파우치 소장을 "해고하라"고 요구하며 과학에 기반한 방역 조치를 정치적 이유로 거부하기도 했다. 이들은 파우치가 "민주당 편"이라고 주장했지만, 그는 1984년부터 38째 연구소 소장을 맡고 있으면서 지카, 에이즈, 에볼라 시기에도 미국의 방역 조치와 관련해 큰 영향력을 미쳐 왔다.

미국뿐 아니라 영국, 프랑스 등 서구 국가들에서 '개인의 자유를 박탈한다'는 이유로 방역 지침을 거부하는 이들이 상대적으로 많았다. 또 미국에는 상대방의 눈을 주시하면서 대화를 나누고 인사를 하는 것을 중요하게 여기기 때문에 얼굴을 가리는 것에 대한 거부감이 있다. '마스크 착용'은 자신의 신분을 숨기고 싶은 범죄자이거나 심각한 질병을 앓고 있는 중환자들이나 하는 일이라는 인식이 일반적이었다.

인종적, 종교적 편견도 작용한다. 마스크 착용은 일본, 한국 등 아시안들의 유별난 행동으로 여겨진다. 코로나19가 처음 발생한 곳이 중국이라는 사실도 영향을 미쳤다. 이슬람교 여성들이 얼굴이나 머리카락을 가리기 위해 착용하는 히잡에 대한 반감을 가진 이들도 많고 이러한 반감도 적잖게 작용했다.

게다가 마스크 착용은 신체적 불편을 동반한다. '개인주의'가 지배하는 미국 사회에서 공동체의 안전을 위해 개인이 불편이나 희생을 감수해야 한다는 생각은 상대적으로 옅다. 마스크 착용을 공동체를 위해 필요한 연대 행위로 인식하기보다는 강제에 대한 굴복으로 인식한다.

《총, 균, 쇠》의 저자 재레드 다이아몬드는 소위 '선진국'이라고 자부하던 서방의 국가들이 코로나19 방역에 실패하고 동아시아 국가들은 성공한 이유를 "공동체를 중심으로 생각하고 전체 구성원을 돌보려는 마음이 더 세심하게 작동하기 때문"이라고 설명했다. 일부 서구 언론에서 동아시아가 방역에 성공한 이유를 '독재'의 경험에서 찾았던 것에 대해 다이아몬드는 틀렸다면서 과거 농경시대부터 수천 년 넘게 이어 온 문화의 차이가 원인이라고 말했다.[29]

29 안희경, "<총, 균, 쇠> 저자 '2050년, 우리 문명은 이제 30년 남았다'", 《한겨레》, 2021.07.23.

아노크라시

미국이 다른 유럽 국가들에 비해 코로나19 피해가 큰 또 다른 이유로는 과도하게 상업화된 의료시스템을 지적할 수 있다. 영국이라는 같은 문화적 뿌리를 가진 호주는 미국과 연령 분포, 도시 인구 비율 등이 모두 비슷하지만 코로나19로 인한 사망률은 미국의 10분의 1에 불과하다.

호주가 코로나19 방어에 성공할 수 있었던 원인으로 지리상 요인을 드는 사람들도 있지만, 호주 역시 미국처럼 무역, 관광, 이민 등을 통해 전 세계와 연결돼 있다는 점에서 이것만으로는 설명할 수 없다. 《뉴욕타임스》는 이런 비결 중 하나로 공공 의료 개념이 잘 정립돼 있는 호주와 그렇지 못한 미국의 차이를 꼽았다.

호주는 병원 간 환자 이송과 업무 분담을 위한 협약이 존재해 병원들은 의료비 지급이 잘될 것이라고 믿고 일하는 반면 민간보험이 지배적인 미국에서 병원들은 제대로 된 협력 체계 없이 일한다. 당시 뉴욕의 의료진의 보호 장비 부족과 의료진 사망자 수는 병원의 재정 상태에 따라 갈렸다.

정부 정책에 대한 신뢰도 중요한 차이를 만들었다. 호주인 76%는 정부의 보건 정책을 신뢰한다고 답한 반면 미국에서 정부 보건시스템에 대한 신뢰도는 34%에 불과했다. 현재 호주 성인의 95% 이상이, 전체 인구의 85%가 백신을 2회 접종했다. 반면 미국은 이 수

치가 66%에 불과하다.[30]

코로나19를 대하는 정치적 리더십도 중요하다. 트럼프는 대통령이 나서서 방역 지침을 거부하는 모습을 보였다. 트럼프가 2020년 3월 비상사태를 선포할 때부터 마스크 착용은 CDC의 방역 지침이었다. 그러나 트럼프는 공개적인 자리에서 마스크를 쓴 적이 매우 드물다. 특히 언론을 통해 사진이나 영상이 찍히는 자리에선 일부러 마스크를 벗었다. 트럼프는 마스크를 쓴 기자에게 "정치적으로 올바르다 Political Correctness"고 비난하기도 했고, 공개 석상에서 마스크를 반드시 챙기는 바이든을 조롱하기도 했다. 트럼프는 코로나19 감염으로 입원 치료를 받은 뒤 백악관으로 돌아오자마자 마스크를 벗는 모습을 보이기도 했다.

정치적 리더십의 차이가 코로나19 사태에 중요한 역할을 했다는 사실은 학술 연구에서도 확인된다. 호주 퀸즐랜드대학교 경영대학원 연구팀은 세계 91개국의 2020년 1~12월 코로나19 팬데믹 대응 조치를 분석한 결과, 여성이 정부 수반인 나라는 그렇지 않은 나라에 비해 코로나19 사망자가 약 40% 적었다고 발표했다.

연구 기간 중 여성이 정부 수반인 나라는 91개국 중 약 14%였다. 뉴질랜드(저신다 아던 총리), 독일(앙겔라 메르켈 총리), 방글라데시(셰이크 하시나 총리), 대만(차이잉원 총통), 덴마크(메테 프레데릭센 총리) 등이다. 여성 지

---

30 Damien Cave, "How Australia Saved Thousands of Lives While Covid Killed a Million Americans", 《The New York Times》, 2022.05.15.

도자는 신속하고 단호한 행동을 취하는 경향이 있고, 사회에 미치는 영향에 대한 더 폭넓은 시각으로 혁신적 사고를 받아들였다. 특히 인명 손실의 위험을 회피하는 경향이 뚜렷했다.[31]

---

31 Dianna Chang, Xin Chang, Yu He& Kelvin Jui Keng Tan, "The determinants of COVID-19 morbidity and mortality across countries", 《Nature》, 2022.04.07.

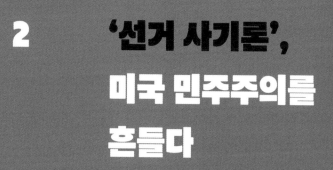

2 '선거 사기론',
미국 민주주의를
흔들다

1

코로나19가 승패 가른
2020년 미국 대선

특파원 임기 동안 내게 주어진 가장 큰 임무는 2020년 대선 취재였다. 미국 대통령 선거는 각 당의 예비경선까지 포함하면 거의 1년에 걸쳐 치러진다. 그해 2월 아이오와주 경선을 시작으로 전국을 돌며 각 당별로 경선을 치러 7~8월께 민주당과 공화당이 각각 대선후보를 확정하는 전당대회를 연다. '민주주의 종주국'이라는 사실을 매우 자랑스러워하는 미국인들에게 이 과정은 축제로 여겨진다.

　팬데믹 상황에서 진행된 2020년 대선은 이전과 큰 차이를 보였고 내 취재 일정도 꼬였다. 3월 10일 '미니 슈퍼 화요일'이라 불리는 6개 주 경선 이후 대부분 지역에서 대중 유세, 후보 토론회, 경선 투표 등이 연기 혹은 취소되거나, 규모를 최소화해서 치러지거나, 비대면 행사로 전환됐다. 7월 말 위스콘신주 밀워키에서 전당대회를 열 계획이었던 민주당은 8월 17일부터 21일까지 온라인으로 전당대회를 치렀다. 공화당은 그다음 주 노스캐롤라이나주 샬럿에서 각 주의 대표 300여 명만 참석한 미니 현장 전당대회를 열었다. 트럼프는 여

　　　　　　　　　　　　　　　　　　　아노크라시

기에서 100% 득표율(대의원 2,550명 전원 찬성)로 공화당 대선후보로 확정됐다.

팬데믹 상황은 트럼프에게 양가적으로 작용했다. 위기 대응에 실패하자 중도성향의 유권자들이 등을 돌리면서 재집권에 걸림돌로 작용했다. 더구나 대선 결과에 불복하기 위해 선거 전부터 군불을 땐 '선거 사기론'의 토대가 됐다. 팬데믹 때문에 선거 과정이 이전과 달라지면서 유권자들이 선거 결과에 의구심을 제기하기가 상대적으로 쉬워졌다. 트럼프의 '빅 라이(선거 사기론)'는 팬데믹 상황과 200년이 넘은 낡고 복잡한 미국식 선거제도를 토양으로 뿌리를 내렸다.

대선 당일인 2020년 11월 3일 오후 11시 20분, 친트럼프 성향의 보수언론인 폭스뉴스는 애리조나주에서 바이든이 승리할 것이라고 예측했다. 개표 73% 수준에서 다른 언론들은 아직 경합 지역으로 분류한 애리조나주를 다른 언론도 아닌 폭스뉴스가 가장 먼저 트럼프 패배를 예측하면서 판세가 바이든 쪽으로 기울었다. 나를 포함해 많은 기자들이 이 보도를 2020년 미국 대선 개표방송에서 가장 인상적이라고 평가한다. 당시 개표방송을 지켜보던 트럼프는 몹시 분노해 참모들에게 법적 대응을 지시했고, 트럼프의 사위인 제러드 쿠슈너는 폭스뉴스 소유주인 루퍼트 머독과 직접 통화하기도 했다.

이 예측은 적중했다. 바이든은 애리조나주에서 이겼을 뿐 아니라 선거인단 306명, 전국 득표 8,128만 3,495표(51.3%)를 얻어 2020년 대선의 최종 승자가 됐다. 트럼프는 선거인단 232명, 전국 득표

7,423만 3,755표를 얻었다. 승자인 바이든만이 아니라 패자인 트럼프도 역대 미국 대통령 선거에서 가장 많은 표를 얻은 후보로 기록될 정도로, 2020년 대선은 공화당, 민주당 지지자들이 모두 결집하면서 높은 투표율(67%)을 기록했다.

바이든의 승리는 선거가 치러지고 나흘이 지나서야 확정됐다. 승리 확정이 늦어진 이유는 미국 대선제도 때문이다. 미국 대선은 전체 다수 득표자가 아니라 각 주별로 배정된 선거인단(전체 538명)의 과반인 270명 이상의 선거인단을 확보한 후보가 승리한다.

또 트럼프는 바이든 측의 '선거 사기론' 주장을 끝까지 고집했다. 트럼프는 대선이 끝난 직후인 11월 5일 백악관에서 기자회견을 열고 "합법적 투표만 계산하면 내가 이긴다"며 "지지자들이 침묵하도록 두지 않겠다"고 밝혔다. 이런 '선거 사기' 주장에 대해 트럼프는 한 번도 객관적인 근거를 제시하지 못했다. 트럼프 측은 대선 직후부터 미시간주, 조지아주, 애리조나주 등에서 수십 건의 소송을 제기했지만 대부분 기각됐다. 트럼프는 재임 당시에도 미국 민주주의의 '시계'를 거꾸로 돌려놓은 일들이 많았지만, 대선 패배 후 그는 미국 민주주의 질서를 본격적으로 망가뜨리기 시작했다.

코로나19 사태가 심각해지기 전까지만 해도 많은 이들이 트럼프의 재선 가능성을 높게 봤다. 4년 연임제인 미국에서 현직 대통령은 큰 과오가 있지 않으면 대체로 연임에 성공한다. 트럼프는 재임 기간 동안 말도 많고 탈도 많았지만 다수 유권자들이 가장 중요하게 생각하는 경제 상황이 크게 나쁘지 않았다.

그러나 코로나19 사태가 트럼프의 기대와 달리 걷잡을 수 없이 커지고 이로 인해 실업을 비롯한 경제 문제까지 심각해지자 트럼프의 대응 실패에 대한 비판이 쏟아졌다. 팬데믹 상황에서 즉흥적이면서 독선적인 트럼프 리더십의 문제가 그대로 노출됐고, 이는 미국이 코로나19 확진자와 사망자 수가 세계에서 가장 많은 국가로 전락하는 데 결정적 역할을 했다.

누가 바이든을 찍었는지를 살펴보면 코로나19가 대선에 미친 영향을 알 수 있다.[32] 바이든은 히스패닉(바이든 65% vs 트럼프 32%), 흑인(바이든 87% vs 트럼프 12%) 등 유색인종에서 트럼프를 크게 앞섰다. '반이민'을 포함한 트럼프의 인종차별 정책도 중요한 영향을 미쳤지만, 상대적으로 유색인종의 코로나19 피해가 더 심각했다.

백인 유권자들 사이에서는 트럼프가 바이든을 앞섰지만(트럼프 54% vs 바이든 41%), 백인 중에서도 대졸 이상 고학력자들은 바이든을 더 선호했다. 학력별로 나눠 보면, 고졸 이하(바이든 46% vs 트럼프 54%)에서는 트럼프, 대졸(바이든 51% vs 트럼프 47%), 대학원졸(바이든 62% vs 트럼프 37%)에서는 바이든이 우세했다.

4년 전 트럼프의 대선 승리에 결정적인 영향을 미쳤던 러스트벨트(백인 노동자들이 많이 거주하는 쇠락한 중공업 지역) 중 이번엔 오하이오주에

---

[32] 정치전문사이트 '리얼클리어폴리틱스' 통계 참고(https://www.realclearpolitics.com)

서만 트럼프가 이겼다. 나머지 미시간주, 위스콘신주, 펜실베이니아 주에서 바이든이 승리한 것도 코로나19 영향이라고 할 수 있다. 인구 밀도가 높은 도시 지역 유권자들은 상대적으로 코로나19 문제에 민감하다. 도시(바이든 60% vs 트럼프 38%)와 교외(바이든 50% vs 트럼프 48%)에서는 바이든이 트럼프를 앞섰다. 코로나19가 대선에서 중요한 이슈라고 답한 유권자의 절대다수가 바이든(바이든 81% vs 트럼프 15%)을 찍었다.

1) 미국 대선 승패를 결정하는 선거인단제도

2000년 대선에서 공화당 조지 W. 부시 후보와 민주당 앨 고어 후보가 맞붙었다. 대중 투표Popular vote에서 고어가 50만 표를 더 얻었지만, 선거인단 선거에서 부시가 271표를 확보하면서 승리했다. 두 후보의 승부는 부시 후보의 동생인 잽 부시가 주지사인 플로리다주(선거인단 29명)에서 불과 수백 표 차이로 갈렸다. 그런데 플로리다주에서 사용된 투표기의 문제로 개표가 누락되는 등 선거 결과를 둘러싼 의혹이 제기됐고, 고어는 재검표를 요구하는 소송을 제기했다. 선거가 끝난 뒤 한 달 넘게 승자가 확정되지 못했고, 플로리다주에서는 부시 지지자들이 선거사무소를 습격해 난동을 부리는 일까지 발생했다. 결국 플로리다주 주 대법원은 재검표를 불허하는 결정을 내려 부시의 손을 들어 줬고, 고어는 패배를 인정했다.

2016년 공화당 도널드 트럼프 후보와 민주당 힐러리 클린턴 후보의 선거 결과는 더 극적이다. 클린턴은 대중 투표에서 300만 표 가까이 더 얻었지만, 트럼프가 주요 경합주에서 근소한 표 차이로 승리하면서 306명의 선거인단(클린턴 232명)을 확보해 결과를 뒤집었다. 원래 민주당이 우세하던 러스트벨트인 미시간주, 펜실베이니아주, 위스콘신주 등에서 트럼프가 총 7만여 표를 더 얻으면서 46명의 선거인단을 가져갔다. 전국의 300만 표보다 3개 주의 7만 표가 승패를 결정짓는 데 더 중요하게 작동했다.

2020년 대선을 취재, 보도하면서 이처럼 미국의 복잡한 대선제도를 한국 독자들에게 어떻게 잘 설명할 수 있을까 하는 고민이 컸다. 2016년 대선 때처럼 2020년 대선에서도 트럼프가 이런 선거제도를 십분 활용해 무슨 꼼수를 부릴지 모른다는 불안감이 팽배해 있었고, 기자들도 이해하기 힘든 복잡한 선거제도를 독자들에게 어떻게 이해시킬지는 미국 특파원들의 공통된 고민이었다.

미국 대선은 일반 유권자들이 참여하는 대중 투표에 의해 승패가 결정되지 않고, 각 주를 대표하는 선거인단 투표를 통해 결정된다. 50개 주마다 선거인을 선출하는 방법은 다르며, 각 주의 상원의원(2명)과 하원의원(인구에 비례해서 주별로 다름) 수를 더한 숫자가 그 주의 선거인단 숫자가 된다. 전체 선거인단은 50개 주의 선거인단(535명)에 워싱턴 D.C.의 3명을 더한 538명이다.

'11월 첫 번째 일요일 다음 주 화요일(2020년은 11월 3일)'에 대중 투표가 전국적으로 실시되며, 그로부터 약 한 달 뒤인 '12월의 두 번째 수요일 다음 주 월요일(2020년은 12월 14일)'에 선거인단 선거가 실시된다. 이때 선거인단은 자신이 원하는 후보를 찍는 것이 아니다. 자신의 주에서 한 달 전에 있었던 대중 투표 결과 더 많은 표를 얻은 후보를 찍어야 한다. 예를 들어 2016년 대선에서 트럼프는 미시간주에서 힐러리에 비해 불과 1만 1,000표(힐러리 47.0% v. 트럼프 47.3%)를 더 얻었다. 하지만 미시간의 선거인단 16명의 표는 모두 트럼프가 가져간다. 선거인단 득표 계산은 승자독식제^{Winner-take-all}가 적용된다.[33] 최종적으로 전체 선거인단(538명) 중 과반(270명)을 확보하는 후보가 대통령이 된다.

이처럼 간접 선거 방식인 데다 승자독식제로 득표수를 계산하기 때문에 대중 투표에서 더 많은 표를 얻어도 선거인단 선거에서 지면서 대통령이 되지 못하는 일이 벌어진다. 미국 대통령제 역사상 이런 일이 5번(1824년, 1876년, 1888년, 2000년, 2016년) 일어났다.

---

33 48개 주에서 '승자독식제'를 채택하고 있고, 메인주(선거인단 4명)와 네브라스카주(3명)만 구역별로 각 구역의 승자가 표를 획득하는 방식을 선택하고 있다. 이들 주는 선거인단 숫자가 워낙 작아 결과에 큰 영향을 못 미친다.

2) 연방제와 노예제 역사에 기인한 간접 투표제,
국민 과반이 개혁 찬성하지만…

선거인단제도는 미국 역사와 직접적인 관련이 있다. 선거인단은 1789년 필라델피아 헌법에 포함돼 있다. 미국 건국 과정은 건국 시조들의 정치적 협상 과정이었으며, 그 협의의 최종 결과물이 바로 '헌법'이다. 미국은 주state들이 연합한 '연방제 국가'다. 미국은 건국 당시에는 13개 주, 2022년 현재는 50개의 주로 구성돼 있다. 영국의 식민지를 경험했던 이들 건국 시조들이 민주주의 제도를 선택하면서 정치적으로 우려했던 지점은 크게 권력 집중과 대중주의 두 가지였다.

우선 '권력의 집중'은 영국 절대왕정에 대한 경험 때문이었다. 이들은 연방 정부에 권력이 집중되는 것에 거부감을 갖고 있었다. 주 정부에 실질적인 권한을 많이 부여하고, 주의 크기와 무관하게 대등한 관계가 유지될 수 있기를 바랐다.

둘째, 대중주의에 대한 우려는 18세기 당시 미국과 유럽의 정치적, 사회적 상황이 반영된 것이다. 유럽 국가들에 여전히 왕이 존재하고 있는 상황에서 미국은 민주주의를 선택했다. 이 자체는 매우 진보적이지만 건국 시조들의 정치 철학은 시대적 한계를 갖고 있다. 18세기에는 지금처럼 후보자에 대한 정보와 지식을 공유하는 것이 쉽지 않았기 때문에 모든 유권자들에게 동등한 권한을 주는 것이 위험하다고 여겨졌다. 따라서 단순 다수 득표제가 아닌 선거 방식을 고민하게 만들었다.

또 중요한 지점은 당시에 미국 남부 지역에는 노예제가 존재했다. 노예가 있었던 남부와 그렇지 않은 북부 사이에 정치적, 경제적 이해관계가 크게 갈렸으며, 헌법 제정 당시에 매우 중요한 협상 포인트였다. 당시 노예들은 투표권이 없었다(전체 인구의 13%만이 투표권이 있었다). 그러나 남부 백인들은 노예 인구까지 합산해 인구가 많다는 이유로 더 많은 선거인단을 확보하려고 했다. 결국 이 협상 과정에서 남부 주들은 노예 1명을 '5분의 3명'으로 계산해 선거인단 수를 더 얻을 수 있었다.

지난 200년 동안, 선거인단제도를 폐지하거나 개혁하기 위한 700개 이상의 제안이 의회에 제출됐다. 하원에서는 1969년 선거인단제도를 폐지하는 법안이 통과됐지만 상원의 벽을 넘지 못했다. 민주당 대선후보 경선 과정에서도 엘리자베스 워런 상원의원은 선거인단제도 폐지를 주장했다.

2020년 현재 미국 국민의 61%가 선거인단제도 폐지를 찬성한다.[34] 하지만 이 제도는 지지하는 정당과 거주하는 주에 따라 이해관계가 명확히 갈린다. 민주당 지지자의 절대다수(89%)가 선거인단제도의 폐지를 찬성하지만 이에 찬성하는 공화당 지지자는 민주당의

---

34 Gallup, "61% of Americans Support Abolishing Electoral College", 2020.09.24.

아노크라시

4분의 1(23%)에 그쳤다. 현시점에서 선거인단 제도는 공화당에 절대적으로 유리하기 때문이다.

선거인단제도를 폐지하기 위해선 개헌이 필요하다. 하지만 공화당이 반대하고 있기 때문에 개헌선(상원과 하원의 3분의 2 의석)을 넘는 것은 거의 불가능하다. 개헌이 아니라 각 주별 선거인단제도에 대한 협약을 통해 문제를 해결하려는 움직임도 있다National popular vote interstate compact.35 이 협약은 전국 대중 투표 개별 주의 투표 결과와 무관하게 전국적으로 대중 투표에서 이긴 후보에게 선거인단 투표를 하자는 내용으로 현재 16개 주(캘리포니아주를 비롯한 15개 주와 워싱턴 D.C. 선거인단 192명에 해당)가 서명했다. 하지만 이 협정이 효력을 갖기 위해선 선거인단 과반(270명)의 찬성이 필요하다.

---

35 https://ballotpedia.org/National_Popular_Vote_Interstate_Compact

2

트럼프의 '빅 라이'와
1월 6일 의회 무장 폭동

트럼프는 대선을 5개월 앞둔 2020년 6월 22일 트위터에 "수백만 장의 우편 투표용지가 외국과 다른 나라들에 의해 인쇄될 것이다. 이는 우리 시대의 추문이 될 것"이라는 글을 올렸다. 트럼프는 한 달 뒤인 7월 30일에는 "사람들이 안전하고 무사히 투표할 수 있을 때까지 선거를 미룬다??"라고 질문을 던지는 형식으로 '대선 연기론'을 주장하기도 했다.

트럼프는 이런 주장을 하기 직전인 7월 11일 "닉슨도 넘지 못한 선을 넘었다"는 비난을 감수하면서까지 '40년지기'이자 공작정치의 달인이라는 평가를 받는 로저 스톤을 감형했다. 로저스톤은 2016년 대선에 러시아 세력을 끌어들였다는 의혹인 '러시아 스캔들' 관련 혐의로 3년 4개월의 실형을 선고받고 감옥에 갈 예정이었다. 트럼프의 로저 스톤 사면은 단순히 측근 챙기기 차원이 아니라 대선을 앞두고 공작정치를 본격적으로 하겠다는 신호탄이었다.

트럼프는 급기야 공화당 대선후보 수락 연설에서도 "그들(민주당)

아노크라시

이 하는 일은 코로나19를 선거 결과를 훔치는 데 (우편 투표를) 이용하는 것"이라며 "내가 지면 선거가 조작된 것"이라고 부정 선거 의혹에 불을 붙였다.

1) 정권 인수인계 거부하고
선거 결과 뒤집기 골몰했던 트럼프

"트럼프는 이미 우편 투표는 사기라고 주장하고 있다. 그는 사기에도 불구하고 이기면 이겼다고 말할 것이고, 진다면 이 사기 때문에 졌다고 말할 것이다. 여기에 (선거 불복을 주장할) 그럴싸한 이야기를 만들어 내고, (그것이) 소셜 미디어를 통해 포착되고 재생산되며, 폭스 뉴스에 의해 패러디된다. 이런 과정을 통해 트럼프가 진다면 사기 때문인 것이 된다. 이는 매우 위험한 상황을 만들 수 있다."

-닐 길먼 진실 전환 프로젝트(Transition Integrity Project) 공동 대표[36]

선거도 치러지기 한참 전부터 시작된 트럼프의 선거 불복 움직임 때문에 워싱턴 정가는 음모론에 가까운 시나리오들이 난무했다. 또 이런 소설 같은 이야기는 재검표, 지지자들의 폭동, 법정 소송 등 한 달여의 혼돈의 시간을 거쳐 승자가 확정된 2000년 대선이라는

---

36 Nill Gilman, "What If Trump Refuses to Accept a Biden Victory? A Look at How Electoral Chaos Could Divide Nation", Democracy Now, 2020.08.03.

전례 때문에 더욱 현실적인 우려로 작용했다.

　"범인은 항상 범죄 현장으로 돌아와요. 여긴 2000년 대선 재검표가 열린 곳이죠. 재검표를 마친 곳이에요. 조지 W. 부시가 미국 대통령이 된 곳이죠. 2000년 제 오랜 친구 짐 베이커(부시 캠프의 법률 자문)가 전화를 하더니 (플로리다주) 마이애미에 가서 재검표를 해 달라고 부탁했죠. 2000년 대선을 끝내길 원하는 시위자 수를 민주당 시위자와 맞추는 게 중요하다고 생각했죠. 제 정보원이 민주당 의원 둘이 개표실에서 투표용지 뭉치를 가져가려 한다고 전화로 보고했는데 기자들과 양당 변호사들도 목격했죠. 그들이 투표용지를 창문도 없는 작은 대기실로 가져갔어요. '브룩스 브라더스 폭동'을 촉발한 사건이죠. 저는 시위자들로 복도를 가득 메워 문을 못 닫게 하라고 했어요."

-로저 스톤, 다큐멘터리 〈로저 스톤〉 인터뷰

　스톤은 민주당이 개표를 조작하려 한다는 거짓 정보를 지지자에게 흘렸고, 지지자들이 개표장소에 난입해 난동을 부리게 했다. 이 사건은 앨 고어가 플로리다주에서 패배와 대선 패배를 인정하는 계기가 됐다. 정치 평론가들은 "로저 스톤이 아니었다면 부시가 대통령이 안 됐을 것"이라고 입을 모아 말했다. 트럼프 덕분에 자유의 몸이 된 스톤은 사면 직후 언론과 인터뷰에서 "트럼프의 재선을 위해 무슨 일이든 하겠다"며 공개적으로 '충성 맹세'를 하기도 했다.

이런 불길한 예감은 현실이 됐다. 트럼프는 대선 결과가 확정된 이후에도 정권 인수인계 작업에 협조하지 않았다. 그는 대선이 끝난 뒤에도 측근들과 골프를 치거나 루디 줄리아니 등 최측근들을 백악관으로 불러들여 선거 결과를 뒤집을 꼼수를 짜내느라 바빴다. 트럼프 캠프에서는 애리조나주, 조지아주, 미시간주, 펜실베이니아주, 위스콘신주 등 경합주에서 60건 이상의 소송을 제기했지만 대부분 기각됐다.

무차별적인 소송전은 효과를 전혀 거두지 못한 채 대선 당선자를 확정하는 2020년 1월 6일이 다가왔다. 헌법에 따라 의회는 이날 상원의장인 부통령 주재로 상하원 합동회의를 열고 각 주의 선거인단 투표 결과를 승인, 전체 선거인단 투표 결과를 확인하고 최종 승자를 확정할 예정이었다.

원래 상하원 합동회의는 승패가 확정된 선거 결과를 의회에서 최종 승인하는 형식적인 절차였다. 그러나 2020년 1월 6일을 앞두고는 트럼프 세력의 '선거 불복' 때문에 무슨 일이 일어날지 모른다는 불안감이 극에 달했다.

2) 트럼프 "1월 6일 만납시다!"
…의회 폭동에서 트럼프의 역할은?

2020년 12월 30일 자신의 플로리다주 마라라고 리조트에서 연휴를 보내고 있던 트럼프는 트위터에 "1월 6일, (워싱턴) DC에서 만나자!"고 올렸다. 트럼프는 이날 대안 우파의 이데올로그 중 한 명이자 2016년 대선에서 트럼프 당선에 결정적인 역할을 했던 스티브 배넌 전 백악관 수석전략가와 전화를 했다. 배넌은 트럼프에게 워싱턴 D.C.로 복귀할 것과 당시 콜로라도 스키장에서 휴가를 보내고 있던 펜스 부통령도 함께 데려오라고 요청했다. 배넌은 "바이든을 1월 6일 매장할 것"이라고 말했다.[37]

　워싱턴 D.C.로 복귀한 트럼프는 루디 줄리아니, 존 이스트만 등 변호사 측근들과 대선 결과를 뒤집을 방안에 대해 분주히 논의했다. 이스트만은 2021년 1월 2일 '선거인단 명부 바꿔치기' 등을 통해 트럼프가 1월 6일 의회에서 승자로 확정될 수 있는 6단계 계획을 담은 2쪽 분량의 메모를 전달하기도 했다.

　앞서 12월 14일 있었던 각 주의 선거인단 투표에서 공화당이 장악한 애리조나주, 조지아주 등 7개 주는 트럼프를 지지하는 별도의 선거인단을 꾸려 선거인단 투표를 실시했다. 공식 선거인단 투표 결과와 공화당이 조작한 선거인단 투표 결과 2개를 보내 펜스가 트럼프에게 유리한 결정을 하도록 한다는 것이 트럼프 측의 계획이었다. 트럼프는 1월 2일 자신이 패한 조지아주 선거관리 책임자인 브레드 라펜스퍼거 조지아주 국무장관에게 직접 전화를 걸어 조지아주 선

---

37 Bob Woodward and Robert Costa, 《Peril》, Simon & Schuster, 2021.09.

거 결과를 조작해 달라고 요청하기도 했다.[38]

트럼프는 1월 5일 저녁 펜스를 만나 공식 선거인단 투표 결과를 폐기하고 조작된 선거인단 결과를 인증해 달라고 요청했다. 펜스는 자신의 권한 밖이라고 거부했다. 그러자 트럼프는 "당신은 할 수 있다"고 거듭 설득하다가 급기야 "당신은 우리를 배신하려 한다. 내가 당신을 만들었다. 당신은 아무것도 아니다. 만약 배신한다면 당신 경력은 끝장이다"라고 협박했다.

1월 6일 새벽 1시에 트럼프는 트위터에 "펜스가 우리 쪽으로 온다면, 우리는 대통령 선거에서 이길 것"이라는 글을 올렸다. 트럼프는 이날 오전 10시 펜스에게 또 전화를 걸었다. 트럼프는 "마이크, 당신은 할 수 있다. 난 당신이 그걸 할 것이라고 믿는다. 안 한다면 내가 4년 전에 사람을 잘못 골랐다"고 거듭 압박했다.

이날 오후 의회로 몰려간 트럼프 지지자들은 "펜스를 목매달자 Hang Mike Pence!"는 구호를 외쳤고, 의사당 밖에는 펜스를 매달기 위한 임시 교수대가 세워지기도 했다.

트럼프 충성파인 테드 크루즈 등 상원의원 11명과 모 브룩스, 폴 고사 등 하원의원 140명도 상하원 합동회의를 앞두고 성명을 발표

---

38 트럼프는 이 전화에서 "나는 1만 1,780표를 찾고 싶다. 이는 우리가 얻은 표보다 1표 많은 것이다. 왜냐하면 우리는 조지아에서 이겼기 때문이다"라고 노골적으로 선거 결과를 뒤집으라고 요구했다. 트럼프의 이런 태도 때문에 조지아주, 애리조나주 등 주 권력을 공화당이 잡고 있지만 트럼프가 패한 지역의 선거관리 공무원들은 트럼프 지지자들로부터 전화, 이메일 등을 통해 심할 경우 살해 위협까지 받는 등 극심한 괴롭힘을 당했다.

해 선거인단 투표 결과에 대해 이의를 제기하겠다며 마지막까지 펜스를 압박했다. 이들 중 일부는 트럼프의 '선거인단 명부 바꿔치기 계획'에 연루됐다는 의혹을 사고 있다.

트럼프가 TV 토론서 "대기하라"고 당부한 '프라우드 보이스'의 정체는?

트럼프는 2020년 9월 29일 열린 바이든과 첫 대선 TV 토론에서 백인우월주의 문제에 대한 질문을 받자 느닷없이 "프라우드 보이스, 물러서서 대기하라Stand back and stand by"라고 말했다. 프라우드 보이스Proud Boys는 2016년 설립된 백인·남성우월주의 무장단체. 이들은 반이민·반페미니즘 등을 표방해 세력을 키워 갔으며, 2020년 5월 조지 플로이드 사망사건을 계기로 전국적으로 확산됐던 인종차별 항의 시위 '흑인들의 생명도 소중하다Black Lives Matter, BLM'에 맞불 시위를 벌이기도 했다.

이들은 1·6 의회 폭동을 주도하기도 했다. 미 연방검찰은 2022년 6월 엔리케 타리오 전 대표를 비롯한 이 단체 회원 4명을 선동 음모 혐의로 기소했다. 최고 형량이 20년인 선동 음모 혐의는 복수의 인사들이 정부 권위를 전복하거나 미국 법률의 집행을 지연시키기 위해 무력을 사용하기로 동의했다는 것이 입증돼야 한다. 이들은 이미 지난 3월 의회의 대선 결과 인증을 방해하기 위해 공모한 혐의로 기소됐다.

이들뿐 아니라 오스 키퍼, 아메리카 퍼스트, 쓰리 퍼센터스 등 다른 극우단체들도 의회 폭동에 주도적으로 가담했다. 이런 극단주의 세력과 연계돼 있었다는 사실은 트럼프 정부와 이전 정부의 차이점이기도 하다.

트럼프, 백악관 앞 연설에서 "의회로 가라"고 지지자들 선동

워싱턴 D.C.는 의회 폭동 전날인 1월 5일부터 미 전역에서 모여든 트럼프 지지자들 때문에 전운이 감돌았다. 백악관 인근 일부 도로의 차량 통행이 금지됐고, 일부 건물들은 2020년 11월 대통령 선거를 앞두고 건물 외벽에 설치했던 보호벽을 다시 세웠다. 백악관과 의회 근처 식당이나 상점들은 대부분 문을 닫았다. 뮤리엘 보서 워싱턴 D.C. 시장은 시민들에게 이 지역을 피하라고 당부하기도 했다.

미국 전역에서 모여든 지지자들은 이날 오전 백악관 앞에서 집회를 열었다. 트럼프는 이들을 상대로 대선 결과를 받아들일 수 없다며 격정적인 연설을 했다. 그는 억울함을 토로하며 "지옥에서처럼 싸워라", "우리는 의회로 갈 것이다"라고 분노한 지지자들을 더 자극했다. 이 연설을 들은 수천 명의 지지자들은 의사당으로 몰려갔다. 이들은 이날 오후 1시께 의사당 주변에 설치된 장벽을 뚫고, 담을 넘고, 창문을 깨고, 문을 부수고, 오후 2시 30분께 의사당 실내로 난입했다. 무장을 한 트럼프 지지자들이 난입하자 상하원 회의는 전격 중단되고 펜스 부통령과 의원들은 긴급 대피했다. 트럼프는 백악관에서 TV로 폭동을 지켜보고 있었다.

이날 무력 충돌로 의회 경찰을 포함해 5명이 사망했고, 폭동 참가자뿐 아니라 경찰 수백 명이 부상을 입고 병원으로 후송됐다. 당시 의사당에 갇혔던 공화당 애덤 킨징어 하원의원은 언론 인터뷰에서 탄약 터지는 소리가 많이 들린다며 "완전한 재앙"이라고 현장 상황을 전달했다. 민주당 알렉산드리아 오카시오 코르테즈 하원의원은 자신을 잡으러 의원실로 들이닥친 폭도들 때문에 급히 화장실로 피신했고, 생명의 위협을 느낄 정도의 공포감이 들었다고 토로했다.

트럼프는 이날 오후 4시 17분이 돼서야 짧은 영상 메시지를 발표해 지지자들에게 '해산'하라고 요구했다. 그는 지지자들에게 "당신들이 어떻게 느끼는지 잘 알고 있다"며 여전히 이번 선거가 조작됐다는 주장은 굽히지 않았다. 트럼프는 "그러나 이제는 집으로 돌아가야 한다. 집으로 평화롭게 돌아가라"고 당부했다.

지지자들이 의회로 무장 난입한 뒤 트럼프가 영상을 발표하기까지 무려 187분의 시간이 걸렸다. 1월 6일 폭동의 정확한 진상 규명을 목적으로 하원에 설치된 '1·6일 특별조사위원회'에 따르면, 폭동 당시 트럼프에게 많은 이들이 당장 지지자들에게 해산을 요구해야 한다는 입장을 전달했다. 백악관 선임고문이었던 트럼프의 장녀 이방카도 폭동 당일 트럼프에게 두 차례나 폭동이 중단되도록 개입해 달라고 요청했다. 마크 메도스 비서실장도 폭스뉴스 앵커, 트럼프 장남 등으로부터 트럼프가 당장 입장을 밝혀야 한다는 내용의 문자 메시지를 받았다.

트럼프는 측근과 가족들의 설득에도 불구하고 백악관에서 폭동 장면을 TV로 지켜보며 펜스를 비난하는 트윗을 올렸다. 매슈 포틴저 백악관 국가안보회의 부보좌관은 1·6 난입 조사 특별위원회(이하 1·6 특위) 청문회에서 트럼프의 트윗에 대해 "불에 기름을 부었다"고 평가했다. 익명으로 증언한 한 목격자는 "펜스를 경호한 비밀경호국 요원들은 폭도가 두려운 나머지 가족에게 작별 인사를 했을 정도였다"라며 "트럼프 전 대통령이 폭력 행위에 '그린 라이트'를 켜 줬다"고 했다.[39]

트럼프 지지자들의 난동으로 중단됐던 상하원 합동회의는 이날 밤 8시에 재개돼 7일 새벽 바이든의 승리를 승인했다. 트럼프는 의회 폭동으로 비난 여론이 극에 달하자 7일 처음으로 바이든에게 평화롭게 정권을 넘겨주겠다고 밝혔다. 그는 그러나 끝까지 '선거 사기' 주장을 굽히지 않으면서 "이는 대통령 역사상 가장 위대한 첫 임기의 끝을 의미하지만 미국을 다시 위대하게 만들기 위한 투쟁은 이제 시작에 불과하다"고 말했다.

트럼프는 2021년 1월 20일 낮에 거행된 바이든의 취임식에 불참하고 플로리다주의 마러라고 리조트로 돌아갔다. 전임 대통령이 후임의 취임식에 불참하는 것은 1869년 앤드루 존슨 대통령 이후 152년 만에 일어난 일이었다.

---

39 Jeremy Herb, "What we know about Trump's inaction during the 187 minutes of January 6", CNN, 2022.07.21

1·6 폭동 관련 트럼프 기소 가능할까?

"빌어먹을! 나는 대통령이다. 나를 당장 의회로 데리고 가라."

1·6 폭동 당일 트럼프는 백악관 연설 직후 지지자들과 함께 의회로 가기를 원했지만 안전 문제로 이를 만류한 경호원에게 격노하며 이렇게 말했다. 트럼프는 급기야 경호원의 목을 조르며 대통령 전용 차량 '비스트'의 운전대를 탈취하려 했다.

트럼프는 백악관 연설에 모인 지지자들을 상대로 비밀경호국이 금속 탐지기를 사용했다는 사실에 "저 빌어먹을 탐지기를 치워 버리라"고 지시한 것으로 알려졌다. 트럼프는 "나는 그들이 무기를 소지했다는 사실에 신경 쓰지 않는다"라며 "그들은 나를 해치려고 온 것이 아니다"고 의사당행을 고집했다고 한다. 하원 1·6 특위 공개 청문회에서 나온 증언이다. 이는 마크 메도스 당시 비서실장의 핵심 측근인 캐서디 허친슨이 밝힌 내용들이다.[40]

하원은 2021년 9월 초당적으로 1·6 특위를 구성해 관련 인사들에 대한 인터뷰, 자료 조사 등 광범위한 활동을 벌였다. 특위 활동은 트럼프에게 불리한 이야기들은 무조건 '정치공세' 혹은 '가짜뉴스' 취급을 하는 트럼프 지지자들에게 외면당하면서 여론에 별다른 영향을 미치지 못했다. 그러나 2022년 6월 말부터 진행된 공개 청문회에서 예상치 못했던 '폭탄 발언'들이 나오면서 여론에 균열이 생겼다.

특히 허친슨의 진술은 의회 폭동에 대한 트럼프의 인식을 적나라하게 드러내 큰 충격을 안겼다. 비밀경호국은 트럼프의 운전대 탈취 시도 등이 없었다고 허친슨 진술을 부인했지만, 비밀경호국 요원들이 의회 폭동 당일 주고받은 문자 메시지들을 삭제한 사실이 확인되면서 그의 증언이 사실이라

---

40 "Cassidy Hutchinson Provided 'Damning' Testimony: Rep. Luria", MSNBC, 2022.06.28.

는 가능성에 무게가 실렸다. 또 마크 로빈슨 전 워싱턴 D.C. 경찰관은 트럼프가 몹시 화가 난 상태로 의사당으로 가겠다고 고집을 부렸다고 화상 증언을 통해 밝혔다.[41] 트럼프는 자신의 소셜 미디어인 '트루스 소셜'을 통해 허치슨의 증언에 대해 "역겨운 사기"라며 부인했다.

1·6 특위는 트럼프의 기소를 염두에 두고 있다. '워터게이트'를 수사한 검사인 질 와인-뱅크스는 언론과 인터뷰에서 트럼프에게 적용하기에 가장 적당한 혐의는 "내란죄나 반란죄"라고 주장했다. 법원에서 혐의가 인정될 경우 트럼프는 공직 사회에 발을 들여놓지 못하게 된다.

그는 "1·6 특위 청문회를 지켜본 사람이라면 트럼프를 기소하지 않는다는 것 자체가 말이 안 된다고 생각할 것"이라면서 청문회에서 나온 증언들을 기반으로 의회 방해, 사법 방해, 증인 조작 등으로도 기소가 가능하다고 주장했다.[42]

메릭 갈런드 법무장관도 트럼프의 기소 여부에 대해 "책임자는 누구든지 기소할 계획"이라고 밝혔다.[43] 그러나 법률적으로 구체적인 인과관계를 밝혀내는 것은 쉽지 않은 문제라는 점에서 기소가 어려울 것이라는 전망도 제기된다. 또 전직 대통령이자 2024년 대선 출마가 유력한 인사를 기소하는 것이 정치적 논란을 불러올 것이라는 점도 트럼프의 기소에서 넘어야 할 산이다.

---

41 Lisa Mascaro ect., "Jan. 6: Trump spurned aides' pleas to call off Capitol mob", 《AP News》, 2022.07.22.

42 "Jill Wine-Banks says convicting Trump of rebellion would bar him from office", MSNBC, 2022.07.02.

43 Paul LeBlanc, "Merrick Garland does not rule out charging Trump and others in January 6 probe", CNN, 2022.07.26.

3) 트럼프, 유일하게 두 번 탄핵소추된 대통령

의회 폭동으로 트럼프는 미국 역사상 처음으로 임기 내에 두 번 탄핵소추된 대통령이라는 오명을 갖게 됐다. 민주당은 의회 폭동 직후 '내란 선동' 혐의로 트럼프에 대한 탄핵소추 결의안을 발의했다. 탄핵소추안은 1월 13일 미국 하원에서 찬성 232명, 반대 197명으로 통과됐다. 여당인 공화당에서도 찬성 의원이 10명 나왔다.[44] 2019년 12월 하원을 통과한 트럼프의 첫 번째 탄핵소추안에 대해선 공화당 하원의원 전원이 '반대' 표결을 했던 것과 비교된다.

트럼프는 2019년 7월 우크라이나 대통령과 전화 통화에서 당시 가장 유력한 민주당 대권후보였던 조 바이든과 그 아들 헌터 바이든에 대한 뒷조사를 부탁했다. 이 사실이 내부고발을 통해 알려지면서 2019년 12월 권력 남용, 의회 방해 등으로 탄핵소추됐다. 그러나 이듬해 2월 공화당이 과반 의석을 차지하는 상원에서 열린 탄핵 재판에서 부결돼 탄핵 해임은 피했다.

그러나 두 번째 탄핵에서도 상원의 벽을 넘지는 못했다. 하원에서 탄핵소추된 대통령은 상원의 탄핵 재판을 거쳐 전체 의석의 3분의 2인 67명이 찬성해야만 해임된다. 양당 구도에서 67명이나 찬성

---

44 트럼프 탄핵에 찬성한 공화당 하원의원(10명)은 다음과 같다. 리즈 체니(와이오밍), 프레드 업턴(미시간), 톰 라이스(사우스캐롤라이나), 앤서니 곤살레스(오하이오), 제이미 에레라 뷰틀러(워싱턴), 존 캣코(뉴욕), 아담 킨징어(일리노이), 피터 메이저(미시간), 댄 뉴하우스(워싱턴), 데이비드 발라도(캘리포니아).

한다는 것은 국민 여론이 압도적으로 탄핵을 찬성해 여당에서도 다수의 찬성표가 나와야 한다는 얘기다. 미국 역사상 탄핵 해임된 대통령은 한 명도 없다. '워터게이트 사건'으로 탄핵 위기에 몰렸던 리처드 닉슨은 탄핵 재판을 앞두고 하야했다.

트럼프의 2차 탄핵소추안은 2021년 2월 13일 상원 탄핵 재판 결과, '유죄Convict' 57명 대 '무죄Acquit' 43명으로 부결됐다. 이날 표결에서 7명의 공화당 의원이 민주당(50명)에 가세했다. 부결되기는 했지만 7명의 이탈표[45]는 역대 같은 당 소속의 대통령에 대한 탄핵 혐의 중 가장 많은 숫자다.

트럼프, 계엄령 선포 염두에 두고 국방부-법무부 장관 경질?

대선 결과를 뒤집기 위한 계획을 실행하는 과정에서 트럼프의 일부 측근들은 등을 돌렸고, 트럼프는 예외 없이 이들을 내쳤다. 4년간 트럼프를 위해 온갖 궂은일을 도맡았던 부통령 펜스는 1월 6일 상하원 합동회의를 기점으로 '배신자'로 낙인찍혔다.

빌 바 전 법무부 장관도 '선거 사기론' 때문에 갈라선 측근 중 한 명이다. 트럼프는 선거 사기론과 관련해 법무부에 관련 조사를 압박했지만 바 전 장관은 "뚜렷한 증거가 없다"며 반대했다. 트럼프는 임

---

45 트럼프 탄핵에 찬성한 공화당 상원의원(7명)은 다음과 같다. 리처드 버(노스캐롤라이나), 빌 캐시디(루이지애나), 수잔 콜린스(메인), 리사 머코스키(알래스카), 밋 롬니(유타), 벤 새스(네브래스카), 팻 투미(펜실베이니아).

기가 얼마 남지 않은 12월 23일 법무부 장관을 경질했다.[46]

트럼프에게 반기를 들지 않는 '예스맨'이라는 의미로 '예스퍼 Yes-per'라는 별명을 얻었던 마크 에스퍼 전 국방장관도 대선 직후인 2020년 11월 9일 '트위터 해고'를 당했다. 에스퍼는 2020년 6월 인종차별 반대 시위에 맞서 군대를 동원해 시위대를 진압하려던 트럼프에게 반기를 들면서 눈 밖에 났다.

곧 물러날 대통령이 국방장관과 법무장관을 모두 해임한 것은 전례 없는 일이었다. 트럼프는 단지 이들에 대한 불만 때문이 아니라 바이든 취임 전까지 선거 결과를 뒤집을 계획을 실행하기 위해 이들을 해고한 것으로 보인다. 선거 결과를 뒤집는 쿠데타를 실행하기 위해선 사법기관과 군대를 움직일 필요가 있다.

실제 트럼프가 측근들과 가진 2020년 12월 18일 심야회동에서 일부 지역의 개표기 압수를 위해 군을 동원하는 방안이 제안되기도 했다. 팻 치폴로니 당시 백악관 고문은 1·6 특위 영상 증언에서 개표기 압류 행정명령은 "끔찍한 아이디어였다"고 말했다.

트럼프가 대선 직후 국방장관과 법무장관을 해임하자 마크 밀리 합참의장을 비롯한 군 수뇌부는 트럼프와 측근들의 쿠데타 가능성을 걱정하기 시작했다. 이들은 그런 상황이 오면 군 최고위직부터 한 명씩 차례로 사임해 명령을 따르지 않는다는 계획을 비공식적으로 세

---

46 Jonathan Karl, 《Betrayal》, Dutton Books, November 16, 2021.

아노크라시

웠다. 밀리 의장은 트럼프가 내란법^{Insurrection Act}을 발동해 군을 끌어들일 구실을 기대하면서 소요 사태를 부추기고 있다고 생각했다.[47]

그는 또 의회 폭동이 발생한 지 이틀 뒤 트럼프가 혹시라도 위험한 군사 공격이나 핵무기 발사를 명령하는 것을 막기 위해 비밀 조치를 취했다. 그는 펜타곤 사무실에서 비밀회의를 소집해 고위 군 관계자들에게 자신이 개입되지 않는 한 그 누구로부터도 명령을 받지 말 것을 지시했다. 낸시 펠로시 하원의장은 밀리 의장과 전화 통화에서 트럼프가 핵무기를 사용할 수도 있다고 우려하기도 했다.[48]

'대통령 트럼프'의 기록들

미국 역사상 트럼프는 재임에 실패한 11번째 대통령이다. 특히 트럼프는 두 번의 대선에서 두 번 모두 대중 투표에서 진 최초의 대통령이다. 그가 속한 공화당은 2020년 대선과 함께 치러진 상원과 하원의원 선거에서도 졌다.

트럼프는 또 미국 역사상 최초로 임기 내 두 번 탄핵소추된 대통령이다. 트럼프에 앞서 탄핵소추된 대통령은 2명(앤드류 존슨, 빌 클린턴)이다.

트럼프는 미 역사상 처음으로 정권을 이양하는 순간까지도 선거 결과에 승복하지 않은 대통령이자, 152년 만에 후임 대통령 취임식에 불참한 대통령이다.

트럼프는 역대 가장 인기 없는 대통령 기록도 갈아 치웠다. 1938년 이후 대통령의 임기 내 지지율을 조사해 발표한 갤럽에 따르면, 트럼프의 4년

47 Carol Leonnig and Philip Rucker, 《I can fix it alone》, Penguin Press, 2021.07.20.
48 Bob Woodward and Robert Costa, 《Peril》, Simon & Schuster, 2021.09.21.

임기 평균 지지율은 41%로 이 조사가 시작된 이래로 가장 낮았다. 트럼프 이전에 가장 낮은 평균 지지율을 기록한 대통령은 해리 트루먼과 지미 카터 대통령(둘 다 45%)이었고, 가장 높은 평균 지지율을 기록한 대통령은 존 F. 케네디 대통령(71%)이었다.

미국의 역사학자, 교수 등 전문가 142명을 대상으로 조사해 발표한 전직 대통령 평가 결과(2021년 6월 발표)에 따르면, 트럼프는 44명 중 41등을 차지했다.[49] 트럼프 뒤로는 남북 간 갈등을 고조시킨 프랭클린 피어스, 첫 탄핵 대상이 된 앤드루 존슨, 남북전쟁을 막지 못한 제임스 뷰캐넌 순이었다.

이 조사에서 1위는 노예제를 폐지한 에이브러햄 링컨(897점)이 차지했다. 링컨은 4번의 조사에서 모두 1위였다. 초대 대통령인 조지 워싱턴이 2위, 대공황을 극복한 프랭클린 루스벨트가 3위, 시어도어 루스벨트가 4위, 드와이트 아이젠하워가 5위였다.

---

49 비영리채널 C-SPAN이 정권이 바뀔 때마다 전직 대통령에 대한 평가를 조사해 발표한다. 이번이 4번째 조사였다.

3

극우 포퓰리스트들의
'음모론'

"그들은 나를 싫어합니다."

트럼프는 2019년 12월 밥 우드워드 《워싱턴포스트》 대기자와 인터뷰에서 민주당 의원들에 대해 격한 감정을 표현했다. 트럼프는 그해 의회 국정 연설 장면을 우드워드와 함께 보면서 민주당 진보 진영의 버니 샌더스, 엘리자베스 워렌 상원의원 등의 얼굴을 보면서 "싫어!"라고 외쳤다. 알렉산드리아 오카시오 코르테즈 하원의원에겐 더 격렬하게 "싫다! 싫어!"라고 말했다. 이어 당시 상원의원이었던 카말라 해리스 부통령의 얼굴을 보자 "싫어! (해리스 얼굴의) 저 혐오를 봐요!"라고 외쳤다.

우드워드는 트럼프가 보인 격렬한 반응에 비해 그의 국정 연설을 듣던 민주당 의원들의 얼굴 표정은 밋밋하고 가라앉아 있었다면서 여러 번의 트럼프 인터뷰 중에서 "이 모습은 너무 기이해서 잊을

수 없다"고 밝혔다.[50]

트럼프 정치에서 '증오'는 매우 중요하다. 선악의 이분법에 근거해 자신을 연민의 대상으로 연출하고 상대를 악마로 만들어 지지자들의 분노를 선동하는 것이 포퓰리즘이다. 지지자들을 동원하고 이들을 움직이게 만드는 가장 강력한 힘은 분노와 이에 기반한 증오다. 지지자들의 이성의 작동을 멈추고 분노를 극대화하기 위해선 '음모론'이 필요하다. 음모론은 적들이 우리들의 불이익을 위해 사회를 어지럽히고 있다고 확인시킨다.

1) 바이든의 취임,
그러나 음모론은 사그라들지 않는다

바이든은 대통령 취임식 하루 전인 2021년 1월 19일 워싱턴 D.C.에 입성하면서 코로나19 희생자 추모행사를 가졌다. 이날은 미국에서 코로나19 누적 사망자가 40만 명을 넘어선 날이기도 했다.

추모행사는 '정권이 바뀌었구나'를 실감하게 만드는 장면이기도 했다. 트럼프는 재임 당시 코로나19 희생자들을 위한 추모행사뿐 아니라 코로나19 희생자들을 추모하거나 유가족들을 위로하는 발언을 한 적도 없었다. 바이든은 트럼프와 차별성을 보이면서 동시에 코

---

50 Bob Woodward and Carl Bernstein, "Woodward and Bernstein thought Nixon defined corruption. Then came Trump.",《The Washington Post》, 2022.06.05.

아노크라시

로나19로 인한 국민들의 상처를 보듬고 이 과정을 통해 국민 통합을 꾀하려고 했다.

바이든은 취임과 동시에 코로나 백신 접종 속도를 높여 되도록 빠른 시일 내에 집단 면역을 달성해 팬데믹 이전의 '정상'으로 돌아가는 것을 최우선적인 국정 과제로 발표했다. 독립기념일(7월 4일)까지 성인 인구의 70%가 적어도 한 번 이상의 백신 접종을 받도록 하겠다고 밝혔다. 미국의 하루 백신 접종 횟수는 한때 300만 회를 넘기도 했으나 백신을 맞을 의향이 있는 성인들이 1차 접종을 마친 4~5월이 지나면서 급속하게 둔화되기 시작했다. 독립기념일까지 백신을 한 번 이상 맞은 미국 성인은 67%에 그쳤다.

결국 바이든은 독립기념일에 '코로나 독립 선언'이 아니라 "독립을 선언하는 데에 그 어느 때보다 가까워졌다"고 말해야 했다. 코로나19 사태로 2020년 취소됐던 '독립기념일 불꽃놀이'는 2021년에는 가능했지만 온전히 축제로 즐길 상황이 아니었다. 백신 접종률이 기대에 못 미치는 가운데 델타, 오미크론 등 새로운 변이가 확산됐고 '코로나 독립'은 2022년에도 요원해졌다.

폭스뉴스와 코로나 음모론

미국 시청률 1위의 케이블 방송 폭스뉴스는 2016년 트럼프를 대통령으로 만든 일등 공신으로 꼽힌다. 사업가인 트럼프를 방송인으로 성공시키고, 방송으로 얻은 인지도를 기반으로 정치나 행정 경력이 전무한 그가 공화당 대선후보 자리를 꿰차기까지 보수성향의 폭스뉴스는 결정적인 역할을 했다. 대통령으로 당선된 뒤에도 그는 폭스뉴스 앵커 출신인 헤더 나우어트를 국무부 대변인으로 발탁하는 등 공생관계를 이어 갔다.

오랫동안 트럼프와 폭스뉴스의 유착관계에 주목해 온 CNN의 방송 담당 기자 브라이언 스텔터는 "트럼프는 폭스뉴스가 만든 프랑켄슈타인"이라고 주장했다. 폭스뉴스가 트럼프의 '킹 메이커' 역할을 해서 대통령이 되도록 도왔지만, 트럼프가 권력을 잡은 뒤에는 누구도 통제할 수 없는 괴물이 되어 버렸다는 비유다. 그는 또 '폭스와 친구들' 프로그램의 제작자는 트럼프가 시청한다는 것을 알기 때문에 "그를 위한 내용으로 제작을 한다고 말했다"고 전했다.[51]

폭스뉴스는 코로나19 관련 '가짜뉴스' 확산에도 매우 중요한 역할을 했다. 한 연구 결과에 따르면, '보수 매체(폭스뉴스, 브레이트바트 뉴스 등)'를 구독하는 사람들은 '주류 매체(ABC, NBC, AP, 《뉴욕타임스》, 《워싱턴포스트》 등)'를 이용하는 사람들보다 음모론을 믿을 가능성이 높고, 음모론을 믿는 사람들은 마스크 착용이나 백신 접종 같은 방역 지침을 외면하는 것으로 나타났다.[52]

---

51 Brian Stelter, 《Hoax: Donald Trump, Fox News, and the Dangerous Distortion of Truth》, Atria Books, 2020. 08.

52 DanielRome& Kathleen HallJamieson, "Conspiratorial thinking, selective exposure to conservative media, and response to COVID-19 in the US", 《Social Science & Medicine》, 2021. 12.

아노크라시

2) 2016년 피자게이트, 2020년 큐어넌

미국에서 백신 접종률이 기대에 못 미친 이유는 백신 물량 확보, 유통, 접종 인력 등의 문제 때문이 아니었다. 일부 언론과 소셜 미디어를 통해 빠르고 광범위하게 확산된 '음모론' 때문이었다. 음모론은 사회, 정치적 사건이나 현상을 드러나지 않은 행위자들(어둠의 세력)이 악의적으로 조작한 결과라고 본다. 포퓰리즘 정치에서 음모론은 지지자들을 동원하는 데 매우 중요하다.

극우성향의 음모론은 초기에는 코로나19 질병 자체에 대한 거부 혹은 무시, 마스크 착용 거부 등으로 나타나다 백신 접종 거부로 이어졌다. '마이크로소프트의 빌 게이츠가 백신을 팔기 위해 일부러 바이러스를 퍼뜨렸다', '코로나19 백신에 나노 로봇이 들어 있어 접종을 하게 되면 뇌를 조종당한다' 등 비과학적인 주장이 백신 접종을 거부하는 이유들이었다.

일부 공화당 지지자들을 사로잡고 있는 음모론은 2016년 대선 당시 등장한 '피자게이트'로 거슬러 올라간다. 당시 대선을 앞두고 힐러리 클린턴의 선거운동 책임자인 존 포데스타의 개인 이메일 계정이 해킹당했다. 그런데 대선 직전인 그해 11월 위키리스크에 포데스타 이메일 일부가 공개되면서 클린턴을 비롯한 민주당 고위 당직자들의 메일함에서 워싱턴 D.C.에 있는 피자가게를 거점으로 인신매매 및 아동 성매매를 벌인 정황이 담긴 암호 메시지가 발견됐다는 음모론이 제기됐다. 급기야 에드거 웰치라는 백인 청년은 그해 12월 문제의 피자가게 '코밋핑퐁'을 찾아가 반자동 소총을 난사했다. 아동들이 감금돼 있다는 지하실은 평범한 물품창고였고, 웰치는 징역 4년형을 선고받았다. 해프닝에 가까운 결말로 끝난 '피자게이트'는 2020년 대선, 그 이후에도 일부 트럼프 지지자들에게 절대적인 영향력을 발휘하고 있는 음모론 집단인 '큐어넌'의 뿌리가 됐다.

'큐어넌'은 2017년 10월 극우 온라인사이트인 포챈^{4chan}을 중심으로 확산됐다. 당시 포챈 게시판에 자신을 '큐 클리어런스 패트리엇 Q Clearance Patriot'이라고 밝힌 유저가 등장했다. 그는 자신이 고위급 비밀 정보에 접근할 수 있는 정부 내부 인사라고 주장하면서 미국 정부와 민주당 내에 사탄을 숭배하는 소아성애자들이 있으며, 이들 '딥 스테이트'가 세계적인 아동 밀매단을 운영하며 트럼프를 반대하는 음모를 꾸미고 있다고 주장했다.

이런 주장에 현혹된 이들을 중심으로 '큐^Q'와 익명을 의미하는 '어나니머스^{Anonymous}'가 합쳐져 '큐어넌^{Qanon}'이 형성됐다. 이들은 트럼프가 정부와 민주당 내 소아성애자들에 대항하는 유일한 정치 지도자라고 주장한다. 정치 집단이라기보다는 사이비 종교 집단에 가까운 '큐어넌'들에게 트럼프는 정치 지도자가 아닌 '신'적인 존재에 가깝다.

트럼프는 '큐어넌'에 대해 "나는 이들을 잘 모르지만 애국자라고 알고 있다", "이들이 소아성애자에 대해 비판적이라는 것은 알고,

나도 소아성애에 대해 반대한다"라고 말하는 등 노골적으로 옹호했다.[53]

2020년 12월 한 여론조사에 따르면, 17%나 되는 미국인이 "사탄을 숭배하는 일군의 엘리트들이 아동 성착취를 하고 미국 정치를 좌지우지한다"는 주장에 동의했다.[54]

3) 주류로 진입한 음모론자들

큐어넌의 대표적인 인물로 '큐어넌 주술가Shaman'를 자처하며 활동하다가 1·6 의회 폭동에 동물 모양 탈을 쓰고 참가해 강한 인상을 남겼던 제이컵 앤서니 챈슬리를 꼽을 수 있다. 큐어넌은 이런 기인들만이 아니라 이미 주류 사회에도 진입했다. '하이힐을 신은 트럼프'라고 불리는 공화당 마저리 테일러 그린 하원의원(조지아주)이 대표적이다.

마저리 테일러 그린은 2020년 선거를 통해 의회로 입성한 큐어넌 신봉자다. 그의 주요 발언들을 보면 '큐어넌'을 신봉하는 음모론자들의 생각을 짐작할 수 있다. 첫째, 연방 정부에 대한 불신 조장. 그린은 의원이 되기 전 소셜 미디어 등에서 버락 오바마 전 대통령, 힐러리 클린턴 전 국무장관을 "교수형 시키자"는 주장을 하는가 하

---

53 트럼프는 대선 과정에서 '큐어넌'과 연계에 대해 여러 차례 질문을 받았다. 위의 발언은 2020년 8월 백악관 기자회견, 2020년 11월 NBC방송 타운홀 미팅에서 한 답변이다.

54 NPR/Ipsos, "More than 1 in 3 Americans believe a 'Deep State' is working to under Trump", 2020.12.30.

면, 2001년 발생한 9·11 테러 공격을 정부가 조작했다는 주장을 하며 근거 없는 음모론을 퍼뜨리는 극우 활동가였다.

둘째, 총기 규제 반대. 그린은 샌디 훅 초등학교(2012년), 파크랜드 고등학교(2018년) 등 학교 내에서 발생한 총기 난사 사건에 대해 "거짓 깃발"이라 주장했다. 민주당을 비롯해 총기 규제를 찬성하는 이들이 돈을 주고 고용한 배우들이 거짓으로 꾸민 사기극이라는 것이다. 그는 2019년 총기 규제 관련 법 개정을 촉구하기 위해 국회를 방문한 파크랜드 총기 사고 피해자를 쫓아다니면서 자신이 총기 소유자라고 밝히면서 괴롭히는 동영상이 공개되기도 했다.

셋째, 유대인 혐오 조장. 그린은 2018년 발생한 캘리포니아주 산불에 대해 우주에서 레이저 광선이 산불을 일으켰으며, 이 음모의 배후에는 제리 브라운 전 캘리포니아 주지사, 유대인 로스차일드 가문이 세운 투자회사 로스차일드가 있다고 주장하기도 했다. 그린의 이런 말도 안 되는 음모론적 주장은 소셜 미디어에서 '#유대인 우주 레이저#Jewish space laser'라는 해시태그를 유행시켰다.

넷째, 성소수자 혐오 조장. 그린은 텍사스주 롭 초등학교 총기 난사 사건의 총격범이 "아이라이너를 쓰고, 여장을 하는 등 정신적인 문제가 많았다"고 근거 없는 주장을 했다. 그는 또 총격범이 "알려지지 않은 제3자에 의해 길들임Grooming을 당했다"며 이 조종자가 "전직 FBI 요원이라고 전해진다"고 말했다. 2022년 5월 발생한 이 총격 사건으로 초등학생 19명과 교사 2명이 사망했다. 트럼프 측근 세력인 폴 고사 하원의원도 트위터에 유밸디의 총격범이 "트랜스젠더 좌익 불법체류자"라고 주장했다. 그러나 18세의 유밸디의 총격범이 트랜스젠더라는 근거는 전혀 없으며, 그의 정치성향에 대해서도 확인된 바 없으며, 불법체류자도 아니다.

4

링컨의 공화당에서
트럼프의 공화당으로?

오늘날 공화당은 문화적으로 보수적이며 인구통계학적으로는 백인 유권자들에게 큰 지지를 받으며 지역적으로 남부에서 우세하다. 트럼프는 미국과 멕시코 간의 국경장벽 건설 등 노골적으로 백인우월주의에 근거한 인종주의를 정치적 원동력으로 썼다. 많은 이들이 잊었지만 노예제를 폐지한 에이브러햄 링컨은 공화당 출신 대통령이다. 공화당의 이런 정체성의 변화는 어떻게 일어났을까?

이를 이해하기 위해선 남북전쟁 이전인 1840년대로 거슬러 올라가야 한다. 당시 공화당의 전신인 휘그당과 민주당이 있었다. 미국은 서부로 빠르게 확장되고 있었고, 새로운 주들의 노예제 허용 여부에 대해 격렬한 논쟁이 일었다. 남부에서 강력한 지지를 얻은 민주당은 노예제를 찬성했고, 휘그당은 이 문제에 대해 의견이 양분돼 있었다. 북부의 휘그당은 노예제를 찬성하는 주들이 늘어나서 정치적 영향력을 너무 많이 가지는 것을 두려워했고, 북부의 자유로운 백인 노동자에게 경제적 해를 끼칠 수 있다고 우려했다. 1854년 미국의 새

로운 주 캔자스와 네브라스카에서 노예제 허용 여부를 놓고 논쟁이
벌어지는 과정에서 휘그당은 분열해 노예제에 반대하는 북부의 휘
그당은 공화당을 창당했다. 공화당은 북부에서 계속 세력을 키워 가
서 에이브러햄 링컨이 대통령으로 당선됐다.

링컨 재임기에 노예제를 유지하기 위해 연방에서 탈퇴하기를 원
하는 남부와 연방을 유지하기를 원하는 북부 사이의 내전인 남북전
쟁American Civil War, 1861~1865이 일어났고, 북부의 승리로 끝났다. 노예제
존폐를 둘러싼 북부와 남부의 정치적 갈등은 서로 엇갈리는 경제적
이해관계와도 맞닿아 있었다. 남북전쟁 이후 권력을 잡은 북부의 자
본가들은 더 부유해졌고, 1920년대까지 공화당은 본질적으로 기업
의 당이 됐다. 경제가 호황기였을 때 '부자당'의 정체성은 공화당에
게 도움이 됐지만, 1930년대 대공황이 몰아닥쳤다. 민주당 출신인
프랭클린 루스벨트 대통령은 정권을 잡은 뒤 경제불황을 극복하기
위한 대대적인 재정 사업에 기반한 '뉴딜 정책'으로 경기 부양에 나
섰다. 민주당은 이처럼 연방 정부의 규모와 역할을 극적으로 확장해
경제위기를 극복했으며, 루스벨트는 국민들의 전폭적인 지지로 '4선
대통령'이라는 기록을 세웠다.

이런 가운데 1950~1960년대 다시 인종 문제가 정치의 전면에
등장하게 됐다. 인종차별 철폐와 민권운동이 미국 전역에서 불붙었
고, 이 이슈는 지지 정당별로 의견이 갈리는 것이 아니라 남부와 북
부의 지역별로 의견이 갈렸다. 1964년 대선에서 민주당의 린든 존

슨 대통령은 민권법을 법제화한 반면 공화당의 배리 골드워터는 이를 반대했다. 1960년대까지만 하더라도 공화당을 장악한 세력은 중도 보수였다. 하지만 골드워터의 등장이 공화당의 이념적인 물줄기를 완전히 바꾸는 계기를 마련했다. 그는 사회복지 확충 반대, 월남전 확대, '매카시즘'으로 악명 높은 조지프 매카시 상원의원에 대한 불신임 결의 반대, 소련을 무너뜨리기 위한 핵실험 경쟁 옹호 등 극단적인 정책으로 일관했다.

골드워터는 1964년 대선에서는 50명의 선거인단을 확보하는 데 그쳐 참패했지만 민권법에 불만을 가진 남부의 백인들을 공화당 지지 세력으로 돌려세우면서 공화당의 물줄기를 바꿨다. 공화당은 노예 해방을 이끌었던 링컨의 당에서 딕시(Dixie, 남부로 대변되는 강경 보수층)의 당으로 변모했다. 골드워터 세력들은 이를 바탕으로 1930년대 대공황과 프랭클린 루스벨트 이후 공화당 내에서도 대세였던 '큰 정부-작은 시장' 이데올로기를 전복시키는 데 성공했다.

로널드 레이건은 골드워터 선거운동으로 정치를 시작한 뒤 1980년 백악관에 입성해 신자유주의 전성기를 이끌었고 군비 경쟁을 통해 소련을 붕괴시켰다.

오바마 정부에 극도의 불만을 가진 극우 세력들은 2009년 '티파티 운동'을 벌여 공화당 내로 침투하기 시작했고, 이들 극우 세력들의 힘은 트럼프 정권 탄생의 원동력이 됐다.

1) '바이든 지지'를 선언한 공화당 인사들

트럼프의 법까지 무시하는 정치 스타일에 반대하는 공화당 인사들도 분명 있다. 2020년 7월 미국 민주당 전당대회에서는 공화당원인 유명 정치인들이 직접 연사로 나서 당시 민주당 대선후보로 확정된 바이든에 대한 지지 입장을 밝히기도 했다. 존 케이식 전 오하이오주 주지사, 콜린 파월 전 국무장관, 고(故) 존 매케인 전 공화당 대선후보 (상원의원) 부인인 신디 매케인 등이 직접 지지 연설을 했다.

바이든 지지 입장까지 밝히지는 않았지만 트럼프를 2020년 공화당 대선후보로 확정하는 8월 공화당 전당대회에 불참한 인사들도 다수다. 조지 W. 부시 전 대통령과 동생 젭 부시 전 플로리다주 주지사, 2012년 공화당 대선후보이자 현재 상원의원인 밋 롬니 등이 대표적이다. 고 로널드 레이건 전 대통령 측도 트럼프 대선 캠프에 레이건의 이름과 이미지를 선거에 활용하지 말라는 입장을 전달했다.

2020년 대선 본선 레이스가 시작된 이후 '링컨 프로젝트'는 트럼프를 가장 강도 높게 비판했던 세력 중 하나다. 공화당 지지자들 중 트럼프 재선에 반대하는 이들의 모임으로 조지 콘웨이 변호사, 스티븐 슈미트 정치 컨설턴트 등이 주축이었다. 이들은 트럼프의 '건강 이상설' 관련 의혹을 제기하는 정치 광고를 제작하는 등 매우 적극적이고 공격적인 행보를 보였다.

트럼프는 2016년 공화당 대선후보가 될 때부터 공화당의 주류 정치인들과 갈등을 빚어 왔다. 트럼프는 대선에 뛰어들기 전까지 부동산 사업가이자 TV쇼에 출연하던 소위 '셀럽'이었지 정치인으로서 어떤 경력도 갖고 있지 않았다.[55] 트럼프 본인도 기존 정치인들과 차별화를 통해 자신의 정치적 입지를 구축하려 했다.

2020년 대선을 계기로 트럼프 세력과 이들 구 공화당 주류 세력의 분화는 본격화됐고, 대선 패배 후 1년여가 지나자 트럼프 세력이 공화당을 상당 부분 장악했다. 트럼프는 자신에게 반기를 든 정치인들을 '리노(Republican in Name only, 이름뿐인 공화당원)'라고 낙인찍고 있다. 트럼프는 그의 두 번째 탄핵소추안에 찬성했던 10명의 하원의원과 7명의 상원의원, 대선 결과를 뒤집는 데 협조하지 않았던 조지아주 주지사 등을 '살생부'에 올려놓고 지지자들에게 저격을 주문하기도 했다.

상대적으로 보수적 성향이 강한 지역은 트럼프를 중심으로 결집하는 반면 도시 지역을 포함한 '퍼플 스테이트'에선 트럼프에 대한 반감도 만만치 않기 때문에 공화당을 트럼프 세력이 완전히 장악하

---

55 사업가이던 트럼프가 미국 정치의 한복판으로 뛰어든 것은 2012년 대통령 선거를 앞두고 버락 오바마 당시 대통령의 출생지 의혹을 제기하고 나서면서부터다. 트럼프는 2011년 4월 TV 프로그램에 출연해서 케냐 출생 유학생 아버지와 미국인 어머니 사이에서 태어난 오바마의 '국적'을 문제 삼고 나섰다. 오바마의 출생지가 미국이 아닌 케냐가 아니냐면서 출생증명서를 공개해야 한다고 주장했다. 미국 헌법에서는 미국에서 태어난 시민권자만이 대통령 선거에 출마할 수 있도록 제한하고 있다. 이미 4년 동안 대통령직을 수행하고 재선에 도전하는 오바마에게 트럼프가 난데없이 '출생지 의혹'을 들고 나온 것은 명백히 인종차별적 문제제기였다. 트럼프가 물꼬를 튼 인종주의적 정치공세는 극우주의자들 사이에서 확산됐고 오바마는 처음에는 대응하지 않다가 결국 다음 달 자신의 출생증명서를 공개했다. 그럼에도 트럼프는 이 증명서가 '가짜'일 수도 있다며 주장을 굽히지 않았다.

는 것엔 분명한 한계가 있어 보인다.

그럼에도 불구하고 트럼프는 지난 2016년 대선 후보로 확정될 때까지 공화당에 지지 기반이 전혀 없었다. 제도권으로 유입되기엔 극단적이었던 극우 보수 세력이 트럼프를 등에 업고 공화당을 잠식하고 있으며, 이 힘에 비해 온건 공화당 세력의 저항은 보잘것없다.

김동석 미주한인유권자연대^{KAGC} 대표는 "공화당의 방향은 점점 극우 강경 보수로 갈 수밖에 없다"고 전망했다.[56] 의원들끼리의 담합으로 미 의회 선거구가 '게리맨더링(특정 정당이나 후보자에게 유리하도록 자의적으로 선거구를 정하는 일)'으로 짜인 탓에 공화당 후보 입장에선 지역의 백인 유권자들이 좋아할 주장을 펼쳐야 당선 가능성이 높아지기 때문이다.

2) 1·6 의회 폭동 참가자 다수 "평범한 미국 백인들"… 트럼프는 원인이 아닌 결과다

지난 1월 의회 폭동 사건으로 기소된 이들에 대한 연구를 진행 중인 시카고대학교의 안보 프로젝트 연구소^{Chicago Project on Security and Threats}에 따르면 의회 폭동 가담자의 대다수가 "평범한 미국인"이다.[57]

---

56 김동석 대표와 인터뷰는 2022년 7월 진행했다.
57 PBS, "A New Study Shows Us the Single Biggest Motivation for the Jan. 6 Rioters", 2021. 05. 06.(https://www.youtube.com/watch?v=dskVval50AE&list=WL&index=36&t=3s)

시카고대학교 로버트 페이지 교수는 의회 폭동 가담자들은 흔히 생각하듯 "외로운 늑대(사회적으로 고립된 사람들)"나 "'프라우드 보이' 등 극우 폭력 조직원"만이 아니라 다수가 "가정과 직장이 있는 평범한 백인들"이라고 밝혔다. 기소된 이들의 90% 이상이 인종적으로는 백인이며, 성별로는 남성이었다.

페이지 교수는 "기소된 이들 중 3분의 2가 34세 이상의 가족이 있는 사람"이라며 "40, 50대의 가족이 있고 직업이 있는 성숙한 사회 구성원"이라고 밝혔다. 또 45%는 CEO, 의사, 변호사, 회계사, 회사 중간급 관리자 등 안정적인 직업을 갖고 있었으며 7%만이 실업자였다고 덧붙였다. '프라우드 보이'나 '민병대' 등 폭력적인 성향의 극우 집단에 소속된 사람들도 전체의 10%가 채 되지 않았다.

이런 사실은 정치인 트럼프가 '원인'이 아니라 '결과'라는 사실을 보여 준다. 백인우월주의에 기반한 극우적 이데올로기는 트럼프가 만들어 낸 것이 아니다. 미국 보수 세력의 저변에 깔려 있는 사회문화적 가치들이 특정 정치인 내지는 정치 세력을 만나 극단적으로 분출된 것이다. '트럼프가 없는 트럼피즘'이 얼마든지 작동 가능하다는 사실은 바이든 집권 후 '로 대 웨이드' 판결 뒤집기와 같은 연방대법원의 우경화를 통해 목격되고 있다. 2024년 대선에서 트럼프의 재등장 가능성이 매우 높지만, 그가 사라진다고 하더라도 론 디샌티스 등 극우성향의 '대타'를 통해 '트럼프 없는 트럼피즘'의 실행을 꾀할 수도 있다.

5

트럼프, 2024년 미국 대선 향한 '슬로우 쿠데타' 시동?

트럼프 캠프의 케네스 체스브로 변호사는 2020년 12월 13일 대선 결과를 뒤집기 위한 계획을 작성해 루디 줄리아니와 트럼프에게 이메일로 보냈다.

"상원의 대통령 전략"이라는 제목의 제안은 다음과 같은 내용이다. 부통령이자 1월 6일 상하원 합동회의를 주관하는 상원의장인 펜스는 자신이 출마자(부통령후보)이므로 "이해 충돌"을 갖고 있다고 주장하며 의사봉을 공화당 척 그래슬리 상원의원에게 넘겨준다. 그러면 그래슬리 의원이 애리조나주에서 온 선거인단 투표 봉투가 2개 있다며 투표수를 집계할 수 없다고 선언한다. 실제 트럼프 캠프에서 애리조나 등 7개 주에서 트럼프 지지자들로 구성된 별도의 선거인단 투표를 진행했다.

그래슬리가 이 문제를 제기하면 사전 공모한 트럼프 충성파 의원들이 논쟁에 가담해 선거인단 투표 결과를 인증할 수 없다고 주장한다. 이런 논쟁 과정을 거친 뒤 그래슬리 의원은 애리조나주에 세

가지 선택권을 제안한다. 1) 재투표 2) 연방법원에 심사 요청 3) 공화당 주의회에서 선거인 임명 후 선거인단 선거 재실시.

그러면 대선 결과가 확정되지 못한 채 정치권은 대혼란에 빠지게 되며, 선거 결과를 뒤집으려는 트럼프는 시간을 벌게 된다. 미국 헌법에 따르면, 선거인단 선거로 최종 승자를 확정하지 못할 경우 하원의원 중 50개 주의 대표를 2명씩 뽑아 투표를 한 뒤 여기서 이긴 사람이 최종 승자가 된다. 이 경우 공화당이 유리하다.

하원 1·6 특위에서 밝힌 트럼프 캠프가 검토하던 선거 뒤집기 계획 중 하나다.[58]

결과적으로 트럼프의 2020년 대선 뒤집기 시도는 실패했다. 문제는 트럼프가 2024년 대선 출마할 경우, '두 번째 선거 결과 뒤집기'는 성공할 수도 있다.

"트럼프는 '느린 쿠데타Slow Coup'를 진행 중이다. 트럼프는 2024년 대선에 출마해 공화당 후보 지명을 받는다. 그리고 대선 당일 밤 개표 결과 무슨 일이 일어나든, 그는 다음 날 아침 자신이 이겼다고 발표할 것이다."   -HBO '리얼타임' 진행자 빌 마허[59]

---

58 Jon Skolnik, "Rudy Giuliani's emails reveal scheme to push Mike Pence out on Jan. 6", 《Salon》, 2022.06.03.

59 "New Rule: The Slow-Moving Coup", 《Real Time with Bill Maher》, HBO, 2021.10.09.

아노크라시

트럼프는 2022년 7월 잡지 《뉴욕》과 인터뷰에서 2024년 대선 출마에 대해 "내 마음속으로는 이미 결정했다"면서 공식 출마 선언을 11월 중간 선거 이전과 이후 중 언제 할지만 고민하고 있다고 말했다. 하원의 1·6 특위 활동으로 검찰 기소 가능성까지 거론되자 출마 선언을 서둘러 지지자들을 결집시켜 놓으려는 계산이다.

트럼프는 자신이 출마 선언을 한다면 다른 후보들은 "후보 등록조차 못할 것"이라고 자신감을 드러냈다.

2024년 대선에서 트럼프와 경쟁할 공화당 후보로는 론 디샌티스 플로리다주 주지사, 크리스 크리스티 전 뉴저지주 주지사, 글렌 영킨 버지니아주 주지사, 테드 크루즈 텍사스 상원의원, 마이크 펜스 전 부통령 등이 거론되며. 디샌티스가 가장 유력하다.

2022년 11월 중간 선거를 위한 공화당 내 예비경선에서 트럼프계 후보가 70% 이상 승리하며 여전히 트럼프의 영향력이 막강함을 보여 주고 있다. 트럼프가 검찰 기소만 되지 않는다면 2024년 공화당 후보는 트럼프가 될 확률이 현시점에서 가장 높다.

문제는 1·6 의회 폭동으로 중도층이 등 돌린 트럼프가 2024년 대선에서 승리하려면 '꼼수'가 불가피해 보인다는 점이다. 트럼프의 '빅 라이'로 강성 공화당 지지자들은 선거시스템 자체에 대한 의혹을 갖게 됐으며, 트럼프는 노골적으로 이를 부채질하고 있다.

"만약 우리가 2020년 대통령 선거 부정 사건(우리가 철저히 그리고 결정적으로 문서화해 놓은)을 해결하지 못한다면, 공화당원들은 2022년이나 2024년에 투표하지 않을 것이다. 이것은 공화당원들이 해야 할 가장 중요한 일이다."

-2021년 10월 13일 발표한 트럼프 성명

트럼프는 실제 행동에 돌입한다면 공화당이 오히려 피해를 보는 '선거 보이콧' 카드까지 꺼내 들었다. 이는 현 공화당 지도부에게 "내 말을 듣지 않는다면 공화당을 파괴하겠다"는 협박으로 들릴 수도 있다. 트럼프가 제시한 시간표가 2024년 대선을 포함하고 있다는 점에서 어쩌면 더 큰 위험이 내재된 주장이다. 트럼프와 그의 열혈 지지자들이 진짜 파괴하고 싶은 것은 다수결로 승자를 결정짓는 선거시스템 자체라고 보이기 때문이다.

6

윤석열은
한국의 트럼프?

"윤석열 : 남한의 트럼프, 북한과 긴장을 악화시킬까?"

-영국 언론《인디펜던트》

　윤석열 대통령이 당선된 다음 날, 외신에 이런 제목의 기사가 실렸다. 한국에서 대선 과정에 윤 대통령을 트럼프에 비유하는 주장들이 심심치 않게 나왔지만 대선 다음 날 외신에 이런 내용이 실릴 것이란 예상은 하지 못했다. 이 언론은 정치 경험 없이 대통령이 됐다, 포퓰리즘에 호소하는 데 능숙하다, 반중국 언사를 자주 사용한다, 보수언론과 끈끈한 관계를 유지한다 등을 윤 대통령과 트럼프의 유사점으로 꼽았다. [60]

　윤 대통령이 '여성부 폐지'를 대선 공약으로 내세운 반페미니즘 정치인이라는 점도 트럼프와 유사성으로 지적된다. 그의 반페미니

---

[60] Shweta Sharma, "Will 'South Korea's Donald Trump' worsen tension with North Korea?", 《The Independent》, 2022.03.10.

즘적 입장은 지난 5월 한미정상회담 공동기자회견에서 지적되기도 했다. 당시 《워싱턴포스트》의 한국계 미국인 여기자는 윤석열 정부 내각에서 여성 장관 숫자가 현저히 적다고 지적했다. 이에 윤 대통령은 "지금 공직 사회에서 예를 들면 내각의 장관이라면, 그 지적 위치까지 여성이 많이 올라오지 못했다"고 답해 논란을 증폭시켰다. 이전 정부보다 여성 장관 숫자가 적은 이유를 '여성이 무능력하기 때문'이라며 오히려 여성 탓을 했기 때문이다.

대선후보 이전에 정치적 이력이 전무하고 취임 첫해에 불과하기 때문에 윤 대통령이 '한국의 트럼프'라는 평가가 적합한지는 아직 모른다. 다만 대선 과정과 취임 후 보여 준 그의 정치 행태가 '편 가르기'에 기반하고 있다는 사실은 우려스럽다. 초기 내각의 인사 실패, 대통령실 사적 채용 의혹 등 실정과 관련한 비판에 사사건건 문재인 정부와 비교하며 자신을 정당화하고 있다. 또 서해 공무원 피살 사건, 북한 어민 송환 사건 등 문재인 정부 때 북한 관련 사건의 결론 뒤집기를 시도하며 '북풍몰이'를 하려는 행태로 야당의 반발을 사고 있다.

윤 대통령이 취임사에서 느닷없이 '반지성주의Anti-intellectualism' 를 주요 화두로 끄집어낸 것도 의미심장하다. 그는 "다수의 힘으로 상대의 의견을 억압하는 반지성주의가 민주주의를 위기에 빠뜨리고 있다"고 말했다. '반지성주의'는 그가 대선 과정에서 전임 정권을 '약탈 정권', '무도한 정권'이라고 비난했던 점에 비춰 볼 때 문재인 정권과 민주당, 그리고 이들의 지지자들을 비난하기 위해 사용한 표현으로 풀이된다. "반지성주의"는 미국의 역사학자 리처드 호프스태터가 1950년대 미국 사회를 반공의 광기로 몰아갔던 매카시즘을 비판하면서 사용했다. 그런데 취임사에서 '반지성주의'를 내세웠던 윤 대통령이 취임하자마자 '북풍몰이'를 하는 듯한 모습은 모순적이다. 국민 통합과 화합의 메시지를 내놓는 것이 일반적인 대통령 취임사에서 "반지성주의", "민주주의 위기" 등 갈등을 강조한 것도 이례적이라는 평가다. 윤 대통령이 자신을 지지하는 이들을 상대로 정치적 반대 세력은 "반지성주의"이기 때문에 민주주의를 복원하기 위해 몰아내야 한다고 설득하려는 것으로 들리기 때문이다.

미국의 정치학자 얀 베르너 뮐러는 책《누가 포퓰리스트인가》에서 포퓰리스트 정치인에 대해 다음과 같이 규정했다.

"포퓰리스트는 기득권 엘리트들을 부패하고 부도덕한 집단이라고 매도한다. 그러면서 국민의 목소리를 대변할 사람은 오직 자신뿐이라고 강변한다. 자신을 반대하는 정치 세력은 존재조차 인정하지 않는 반다원주의적 태도도 취한다. 포퓰리스트는 끊임없이 '국민'을 찾고 '국민의 뜻'을 따르겠다고 한다. 하지만 자신을 따르지 않는 사람은 국민으로 보지 않는다. 이들에겐 추종 세력만이 '진정한 국민'일 뿐이다."[61]

---

61 김태철, "다시 읽는 명저, '포퓰리스트에겐 추종자만이 국민이다'", 《한국경제》, 2019.05.22.

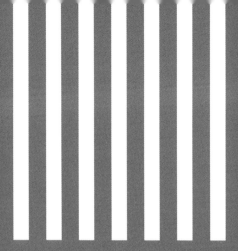

3 문화전쟁과 포퓰리즘

———————————

백인우월주의의 작동 기제

아시안 증오 범죄의 급증

트럼프는 2020년 대선에서 지면서 정치 일선에서 물러났지만, 그가 대통령 권력을 활용해 세를 키워 놓은 '트럼피즘(극우 포퓰리즘)'마저 퇴조하진 않았다. 2020년 공화당은 대선에선 패했지만, 하원은 2년 전에 비해 13석 더 얻었고, 상원은 민주당과 동석(50석)을 얻으면서 의회 선거에서 선전했다. 또 임신중단(낙태) 금지, 총기 규제 반대, 환경 규제 폐기 등 트럼프의 대선공약은 그가 퇴임하고 나서도 보수화된 연방대법원의 판결을 통해 하나씩 실현되고 있다. '트럼피즘'은 어느 날 갑자기 하늘에서 떨어지지 않았다. 그의 정치적 주장은 미국에서 오랜 역사를 가진 백인우월주의에 기반하고 있다.

'트럼피즘'은 꺼내 든 깃발이 국경장벽 건설이든, 총기 소지의 자유 문제이든, 임신중단 금지든, 지지자들의 문화와 가치를 '적'들에 맞서 지키겠다는 약속의 형태를 띤다. '나'와 의견이 다른 집단을 '적'으로 설정하는 구도하에서 해당 이슈는 정치나 정책의 영역을 떠나 정체성과 신념의 범주에 들어가 버린다. 정치적 양극화가 심화

될수록 갈등의 조정을 통한 합의라는 정치 고유의 성격이 작동하지 않게 되는 이유가 바로 여기에 있다.

2021년 3월 16일 조지아주 애틀랜타에서 총기 난사 사건이 발생했다. 용의자인 21세 백인 남성 로버트 애런 롱은 애틀랜타 인근의 아시안 마사지숍과 스파 3곳을 습격해 총격을 퍼부었고, 8명의 사망자 중 6명이 아시안 여성, 특히 4명이 한국계 여성이었다. "다음 피해자는 나인가?" 나조차도 미국에 있는 동안 증오 범죄에 대한 공포로부터 자유로울 수 없었다.

아시아태평양계Asian Americans and Pacific Islanders, AAPI증오 범죄에 대응하기 위한 시민단체인 'AAPI 증오 금지Stop AAPI Hate'에 따르면, 팬데믹 이후 2년간(2020년 3월~2022년 3월) 1만 1,500여 건의 증오 범죄가 발생했다. 이 중 한인 신고는 1,800여 건으로 중국계에 이어 두 번째로 많은 것으로 나타났다. 이 기간 동안 아시안 증오 범죄는 이전에 비해 339% 늘었다.

1) 질병과 아시안 증오 150년 역사

"빅차 라타나팍디는 살해당했다. 박호도 살해당했다. 노엘 콴타나는 한쪽 귀에서 반대편 귀까지 칼로 베였다. 89세 여성의 몸에 불덩이가 던져졌다. 재즈 피아니스트인 타다타카 오노는 너무 심하게 맞아서 이젠 피아노를 칠 수가 없다. 6명의 아시안 여성이 조지아에서 총에 맞아 죽었다. (중략) 아시아계 미국인들은 '아메리카 드림'을 좇아 미국에 왔다. 일부는 성공했다. 하지만 상당수는 여전히 고생하고 있다. 아시아계 미국인들 사이에 빈부 격차는 미국 내 다른 어떤 인종 집단보다 크다. 뉴욕에서 아시안들은 다른 어떤 소수계보다 많은 부동산을 보유하고 있다. 반면 4분의 1의 아시안들이 빈곤선 이하의 삶을 살고 있다. 특히 아시안 노인들이 빈곤층으로 전락하는 비율은 다른 어떤 인종들보다 높은데, 우리 집단 내에서도 가장 취약한 이들이 조롱을 당하고, 밀침을 당하고, 칼로 베이고, 살해당하고 있다. 이런 다양한 경험의 차이에도 불구하고 우리는 계속 '모범적 소수인종Model Minority'으로 여겨진다. 극소수의 성공한 이들이 아시안을 대표하고 있다."

한국계 미국인 배우 대니얼 대 김은 2021년 3월 18일 미국 하원에서 열린 아시안 증오 범죄 관련 청문회에서 이렇게 증언했다.[62] 그의 연설은 아시아태평양계 미국인들이 직면하고 있는 문제를 집약적으로 보여 준다.

"전혀 새로운 일이 아니다."

---

62 "Daniel Dae Kim testifies before U.S. Congress about Anti-Asian hate in America", Youtube, 2021.03.19.

2020년 코로나19 사태가 본격화되고, 미국에서 대통령까지 나서서 이를 "중국 바이러스China virus", "쿵 플루Kung Flu"라고 부를 때부터 '아시안 증오 범죄'는 예견됐다. 케네소주립대학교 안소현 교수는 아시안이 전염병의 원인으로 지목당하고 이로 인해 차별과 증오의 대상이 되는 일은 1876년 천연두 사태로 거슬러 올라간다고 말했다.[63] 미국 주류 사회는 당시 유행한 천연두의 원인으로 중국 이민자들을 지적했다. 감염병에 대한 인종화된 인식은 중국인들이 미국으로 들어오는 것을 막아야 한다는 요구를 낳았고 1882년 연방 의회에서 중국인의 이민을 금지하는 '중국인 배척법Chinese Exclusion Act'을 통과시켰다. 이 법은 1943년에야 폐지됐다.

중국인을 전염병의 원인으로 지목하는 일은 1899년 선페스트Bubonic Plague 사태 때도 똑같이 반복됐다. 1899년 하와이에서 선페스트가 확산되자 정부는 차이나타운을 진원지로 지목하고 감염자가 발생한 건물들을 소각했다. 이 과정에서 불길이 번져 화재가 17일 동안 지속됐고 차이나타운이 사실상 붕괴됐으며 노숙자가 4,000명 이상 발생했다. 1900년 샌프란시스코에서도 선페스트가 발생했을 때 캘리포니아주 정부는 백인 주민들과 접촉을 막기 위해 1만 4,000명이 거주하는 차이나타운 주변에 밧줄로 저지선을 설치했다. 하수도와 거주지 주변을 이산화황과 수은 등 현재는 독성물질로 알려진 약

---

[63] 안소현 교수는 2021년 3월부터 4월까지 여러 차례 인터뷰를 진행했다.

품들로 소독했고, 안전성이 확보되지 않은 상태의 백신을 아시안들에게 강제로 주사했다.

안 교수는 감염병 확산기에 아시아계 미국인들을 '위험한 외국인'으로 인종화하는 담론은 1870년대 이후부터 지금까지 여전히 유효하다고 강조했다. 팬데믹 이후 급증한 증오 범죄는 아시안들을 외래의 위협으로 여기는 오래된 편견인 '황색 공포(Yellow Peril, 19세기 초반 중국 이민자들이 들어오자 이들을 미국을 위협하는 존재로 여겨진 현상을 지칭하는 용어)'가 여전히 강력하게 작동하고 있음을 보여 준다.

아시안 대상 '증오'와 '폭력'의 역사

미국에서 아시아계를 대상으로 한 인종적 폭력의 역사는 유구하다. 뉴욕 빙햄턴대학교 한국학 연구소 정청세 선임 연구원은 "미국 내에서 아시안 커뮤니티는 사회적, 정치적, 경제적 갈등과 위기가 불거졌을 때 쉽게 폭력의 대상이 된다"고 말했다.[64] 이를 보여 주는 역사적 사건들은 다음과 같다.

- **1871년 LA '중국인 대학살'**: 백인과 중국인 폭력 조직 사이의 갈등이 비화돼 수백 명의 백인과 히스패닉이 LA 차이나타운을 습격해 20명 이상의 중국인들이 사망한 사건이다.
- **제2차 세계대전 당시 일본계 미국인에 대한 강제 수용소 수용**: 진주만 공

---

64 정청세, 2021년 3월 27일 시민참여센터(KACE)가 주최한 온라인 강연 내용 중

습 뒤 행정명령에 의해 일본계 거주자 20여만 명이 강제 수용되고 재산도 몰수당했다. 이들 중 80%가량이 미국 시민이었다고 한다.

- **1885년 록 스프링스 중국인 대학살**: 와이오밍주의 광산에서 백인 광부들이 중국인 광부들을 공격해 28명이 숨진 사건이다.
- **1982년 빈센트 친 살해 사건**: 디트로이트 외곽에서 중국계 청년 빈센트 친^{Vincent Chin}이 일본인으로 오해받아 '일본이 미국의 자동차 산업을 침식하고 우리의 일자리를 뺏는다'는 이유로 폭행당해 사망한 사건이다.
- **1992년 LA 폭동**: 흑인 로드니 킹을 무자비하게 폭행한 경찰관들의 무죄 판결로 분노한 흑인들이 한인타운을 습격해 6일 동안 무차별 공격을 감행했던 사건이다.

미국 사회에서 아시안에 대한 폭력은 물리적인 차원에 그치는 것만이 아니라 법과 제도를 통해 제도화되어 있다.

- **귀화법(1790년)**: 미국에서 2년 이상 거주한 이민자 중 좋은 평판을 가진 자유 신분의 백인 이민자에게만 귀화 자격을 부여했다.
- **페이지법(1875년)**: "부도덕한 목적"을 가진 여성들의 미국 입국을 금지하기 위한 법. 이는 아시안 여성들에 대한 성적 편견을 드러내는 법으로 주로 중국 여성들의 입국을 막는 용도로 활용됐다.
- **중국인 배척법(1882년)**: 중국 출신 노동자들의 미국 입국을 제한하고 시민권 부여 대상에서 제외하는 내용을 담은 법안. 단일 출신 국가를 상대로 한 입국금지 조치는 이 법이 유일하다.
- **이민법 개정(1917년)**: 일본과 필리핀을 제외한 모든 아시아 국가에서 이민을 금지했다.

- **이민법 개정(1924년)**: 미국 이민 비자 발급 건수를 국가별로 할당했는데 이는 유럽 출신 이민자들을 더 많이 수용하기 위한 목적이었다. 당시 중국 인에겐 연간 105건이 할당됐다. 비자 할당제는 1965년에 폐지됐다.
- **인종 간 결혼금지 정책(1931년)**: 아시아인 비율이 가장 높았던 캘리포니 아주를 비롯해 많은 주에서 백인과 유색인종 간의 결혼을 금지했다. 하와 이 사탕수수 농장 취업 등을 통해 미국으로 건너왔던 한국인들도 당시 단 독 이민만 가능했고, 인종 간 결혼을 금지했기 때문에 평생 독신으로 살았 던 이들도 많았다고 한다. 나는 2005년 하와이를 방문했을 때 현지 한인 들로부터 후손이 없어 버려진 초기 한인 이민자들의 묘를 돌봐 준다는 이 야기를 들었다. 초기 이민 한인들은 중매인을 통해 사진만 보고 결혼을 결 정하는 '우편 주문 신부**Mail order bride'** 형태로 한국에서 결혼 상대를 구해야 했다.

2) 아시안 증오 범죄 주 가해자는 흑인?
1992년 LA 폭동 다시 보기

언론을 통해 보도되는 아시안 증오 범죄 중 가해자가 흑인인 경우가 많다. 시스템화된 인종차별로 교육, 노동시장, 문화 등 사회 곳곳에 서 유색인종으로 같이 차별받고 있는 흑인과 히스패닉이 왜 '인종차 별 증오 범죄'의 가해자가 될까? 안소현 교수는 "개인들의 인종차별 적 언행은 구조적인 문제에 기인한다"며 가해자의 인종에 지나친 관 심을 두는 것에 우려를 표명했다.

"백인우월주의 사회에서 증오 범죄를 저지르는 일부 흑인, 히스패닉들도 희생양이다. 이런 사회구조 속에서 핍박받고 삶이 힘드니까 범죄를 저지르게 되는데, 미국 백인 주류 사회에서 만든 담론인 '모범적 소수인종'과 '영원한 외국인'이라는 틀에 맞춰 아시안들을 바라보니 이런 일들이 일어난다. 미국도 학교 교육이나 미디어 등을 통해 '네가 가난한 것은 네가 게을러서 그런 것'이라고 주입시킨다. 이 과정에서 소수의 성공한 아시아인들을 전시하면서 '이들을 보라, 미국엔 인종차별이 없다'는 식으로 현실을 왜곡한다."

자본주의가 노동자의 적을 노동자로 만들어 착취를 극대화하는 것과 마찬가지 방식으로 유색인종들끼리 서로 반목하고 배척하게 하는 담론은 백인우월주의를 더 공고하게 만든다. 언론이 유색인종들끼리의 갈등을 극대화한 대표적인 사건이 1992년 LA 폭동이다.

흑인 남성 로드니 킹은 1991년 LA에서 속도위반으로 경찰에 붙잡힌 뒤 경찰의 구타로 청각을 잃었다. 1년 뒤 가해 경찰들이 모두 무죄로 풀려나자 흑인들은 크게 분노하게 됐다. 그런데 로드니 킹 사건 관련 판결이 나올 즈음 지역 언론들은 비슷한 시기에 일어났던 두순자 사건을 집중적으로 다뤘다. 한인 슈퍼마켓 주인이었던 두순자 씨는 15세 흑인 소녀를 도둑으로 오인해 싸움 끝에 총으로 소녀를 쏘아 죽였다. LA 한인타운은 흑인 밀집 지역과 백인 부유층 거주지 중간에 위치해 있었고, 백인 거주지에는 일찍부터 경찰이 배치됐지만 한인타운은 방치 상태에 있었다. 이런 이유들로 흑인들은 1992년 4월 29일부터 6일 동안 한인타운을 습격해 방화, 약탈, 폭력 등을 휘둘렀고, 지키려는 한인들도 무장을 하고 나와 일대는 전쟁터가 되어 버렸다. 언론들은 미국 사회의 인종차별에 대한 흑인들의 분노를 한-흑 갈등으로 치환해 버렸다.

아시안이 평균적으로 흑인과 히스패닉에 비해 사회 경제적 수준이 높은 것은 사실이다. 이는 1965년 이민법 개정으로 출신국가별 쿼터가 폐지되고 전문직 이민자 선호 제도가 발효되면서 전문직 동아시아계, 인도계 이민자들이 늘어나면서 나타난 현상이다. 애초부터 고학력의 전문직이 이민자로 편입돼 나타난 현상이지 아시안이 인종차별에서 자유롭거나, 개인의 노력으로 인종차별이 충분히 극복 가능한 문제이기 때문이 아니다.

이민의 형태와 경험이 다르기 때문에 일부 아시안들(특히 이민 1세대)이 미국의 백인인종주의에 순응해 왔다는 비판도 가능하다. 흑인들이나 히스패닉들이 아시안들을 '중간자적 소수자', '명예 백인'으로 인식하는 바탕에는 이들의 경험이 존재하기도 한다. 일부 흑인 학자들은 동아시아 근대성 형성의 중요한 축에 '반흑인성Antiblackness'이 있다고 주장한다. 아시안들이 백인 주류 사회에서 만든 인종적 위계질서에 적극 편승해 '중간자'로서 이득을 취하면서 흑인과 히스패닉에 대한 인종차별을 심화시키는 적극적인 행위자로 기능했다는 비판이다. 이런 역사와 개인의 경험에 기반해 일부 흑인이나 히스패닉은 아시안들에 대해 유색인종으로 연대의식이나 공감보다는 적대적인 감정을 느낄 수도 있다. 그러나 이를 미국의 인종주의라는 구조와 동떨어져 바라보면 문제를 왜곡시키게 된다.

아시아인은 '모범적 소수(Model Minority)'?

"모범적 소수"는 아시아계 미국인들에 대한 강력한 고정관념이다. 미국 주류 사회에서 흑인은 범죄자, 히스패닉은 불법 이민자로 여겨지는 반면 아시안은 '근면하고 성실한' 아시아적 문화 규범에 따라 '아메리칸 드림'을 이룬 유색인종으로 인식된다. 상대적으로 학력 수준이 높고 사회 경제적 지위도 높다고 생각된다. 이런 '모범적 소수' 관념이 갖는 문제는 다음과 같다.

첫째, 미국 사회에 내재돼 있는 인종적, 구조적 불평등과 갈등을 은폐한다.
둘째, 다양한 국적, 종교, 문화, 종족, 역사 등을 가진 아시아계 미국인들을 하나의 동질적인 집단으로 취급한다.
셋째, '모범적 소수'로 묘사되는 집단(아시아계 중 중산층 이상)과 그렇지 않는 집단 사이의 사회 경제적 격차와 차별을 고착화하고 당연시하게 만들고 갈등을 무시한다.
넷째, 미국 사회의 구조화된 인종차별 때문에 받는 부당함과 불이익을 아시아계 미국인들에게 개인 책임으로 감수하도록 강요한다.
다섯째, 아시아계 미국인들을 백인들과 마찬가지로 사회 경제적 특권을 누리고 있는 이들로 인식하게끔 만든다.

이런 문제점들은 급증하고 있는 아시안 증오 범죄에서도 드러난다. 크게 두 가지 문제가 두드러진다. 첫째, 백인우월주의 사회에서 똑같이 인종차별을 받고 있는 흑인, 히스패닉들도 아시안을 상대로 증오 범죄를 저지르고 있다. 둘째, 200년 가까이 아시안이 온몸으로 겪어 온 인종차별을 비가시화해 현재 발생하고 있는 증오 범죄를 일종의 '일탈 행위'로 이해하게 한다.

미주한인유권자연대**KAGC** 장성관 사무차장은 인종주의에 기반한 사회적 지위는 개인적 극복이 불가능하다고 지적했다.[65]

"AAPI가 성공적으로 부를 축적하거나, 전문직을 갖거나, 심지어 정부 고위직에 진출하고 선출직에 당선이 되더라도 인종적, 문화적 소수자인 것이 현실이다. 앤디 김, 그레이스 멩 하원의원 등 연방의원들조차도 크고 작은 인종차별을 매일 겪고 있다. 참전용사나 유명 배우들도 마찬가지다. 이는 경제적인 성공이나 학위 취득 같은 방법으로 넘어설 수 없으며, 시민권 취득 여부나 미국 거주 기간 또는 영어 구사 능력과도 절대 별개의 문제. 정책 및 제도와 문화적 인식의 상호 작용을 통해 일어나는 일이다."[66]

---

65 '모범적 소수'라는 고정관념은 오히려 아시안들의 고통을 가중시키는 역할을 한다. 비영리학술재단인 공공지역연구소(PRRI)가 캘리포니아주에서 2,684명의 아시아태평양계 미국인들을 대상으로 실시한 설문 조사(2022년 1월 발표)에 따르면, 이들 중 약 4분의 1이 빈곤에 시달리고 있었다. 인종별로는 캄보디아와 베트남계 이민자들의 경우 응답자의 26%가 빈곤 문제를 토로해 가장 높았으며, 중국(23%), 필리핀(22%), 일본(22%), 인도(20%) 순이었다. 또 응답자의 3분의 1이 고용주로부터 임금차별이나 임금착취 등 부당한 대우를 당한 경험이 있다고 답했으며, 10명 중 3명은 직장 내 인종차별을 경험한 적이 있다고 답했다.
66 장성관 사무처장 인터뷰는 2021년 3월에 진행했다.

아노크라시

3) 린다 브라운 100년 앞선 메이미 테입은 왜 잊혔을까?

플로리다주 스텟슨대학교 최서영 교수는 2021년 3월 애틀랜타 총기 난사 사건 이후 '특별한 경험'을 했다. 미국에서 석박사 학위를 따고 교수로 일하면서 10년 넘게 거주하는 동안 아시안으로 겪게 되는 크고 작은 인종차별에 대해 그는 크게 저항하지 못했다. 당장 주어진 삶의 과제를 해결하기 버거운 날들이었다. 그러다가 21세의 백인 남성이 쏜 총에 8명이 사망했는데 6명이 아시안, 그중 4명이 한국계 여성인 총기 난사 사건이 발생하면서 "더 이상 침묵할 수 없다"는 생각이 들었다.

미디어와 환경 커뮤니케이션이 전공인 최 교수는 애틀랜타 사건을 보면서 '아시안 인종차별'을 주제로 특강을 진행하기로 마음먹었다. 처음엔 과연 얼마나 공감을 얻을 수 있을지 걱정이 앞섰다. 플로리다주는 아시안 인구가 2~3%로 소수인 데다 그의 수업을 듣는 학생들은 100% '비'아시안이었다.

그의 예상은 빗나갔다. 학과장을 비롯한 동료 교수들은 그의 수업 계획을 듣자 전폭적인 지지를 표명했다. 학생들의 반응은 "우려한 것이 미안할 정도로" 적극적이었다.

"물론 이것이 아시안들에 대한 연대라고 바로 해석하는 것은 무리라고 생각합니다. 큰 틀에서 증오 범죄, 인종주의가 가진 부당함, 폭력성에 대한 반대를 의미한다고 봅니다. 백인과 유색인종 학생들이 이 주제에 대한 이해도, 반응 등에서 차이가 분명 존재했습니다. '트럼프 지지자'인 한 백인 남학생은 반대 입장을 밝혔습니다. 그러나 제가 개입하기도 전에 대여섯 명 학생들이 이 남학생의 논리에 대해 반박했습니다."[67]

아시아태평양계가 경험하는 인종차별의 가장 큰 문제 중 하나는 '비가시화'다. 미국 전체 인구의 6%(2,200만 명)를 차지하는 이들의 역사는 학교 교육에 거의 포함돼 있지 않다. 중국인들의 미국 이민은 19세기 중반으로 거슬러 올라간다. 1860년대 진행된 대륙횡단철도 건설에 중국인 노동자들이 대거 투입됐다. 그러나 미국 백인 주류 사회에서 유포시킨 '모범적 소수'와 '영원한 외국인'이라는 고정관념 때문에 아시안 미국인들의 역사는 잊혔다.

이를 단적으로 보여 주는 사례가 중국계 미국인 메이미 테입의 이야기다. 1885년 조셉 테입과 메리 테입은 캘리포니아에서 자신의 딸의 입학을 거부하는 공립학교를 상대로 소송[Tape v. Hurley]을 제기했다.

당시는 '짐 크로법[Jim Crow Laws]'에 따라 모든 공공기관에서 인종 간 분리가 합법이었다. 미국의 수정헌법 14조는 미국에서 태어난 이

---

67 최서영 교수 인터뷰는 2021년 4월에 진행했다.

아노크라시

들을 모두 미국 시민으로 인정하며, 이들의 동등한 권리를 명시하고 있다. 때문에 '짐 크로법' 자체가 수정헌법 14조 위반이지만, 백인들은 이 문제를 "분리하되 평등하다"고 우기며 흑인 전용 시설을 만들어 해결했다.

아시안들도 백인학교 입학이 불허됐다. 캘리포니아주에서는 1851년 공교육이 제도화됐다. 처음에는 교육 대상에 인종 제한이 없었던 법은 얼마 지나지 않아 유색인(Negros, Mongolians, Indians) 아동의 입학을 제한했다. 게다가 1882년 중국인의 이민을 금지하는 '중국인 배척법'이 통과되어 중국 이민자들과 그 자녀들에게 '시민권'조차 주어지지 않았다. 안소현 교수는 "당시 중국 이민자들은 백인들에게 린치를 당하는 등 증오 범죄로 시달리는 상황이었기 때문에 자녀들을 폭력이 두려워 학교에 보낼 엄두도 못 냈다"며 "학교를 안 보내고 집에서 공부를 시키거나 본국으로 보내 교육을 시키는 이들이 다수였다"고 설명했다.

이런 상황에서 테입 부부는 미국에서 태어난 자신의 딸이 백인학교 입학을 거부당하자 소송을 제기했다. 메이미의 어머니 메리는 미국인 부부에게 양녀로 입양돼 미국으로 건너와 영어에 능통했고, 아버지 조셉은 사업가이자 통역가로 활동하면서 백인 중산층과 교류가 잦았다. 때문에 이들은 자신의 자녀가 학교 입학을 거부당할 것이라고 생각지도 못했다. 결과는 테입의 승리였다. 캘리포니아주 대법원은 "공립학교에서 조상을 근거로 중국계 미국인 학생을 제외하는 것은 불법"이라고 판결했다. 그러자 캘리포니아주는 "분리하되 평등하다"는 주장을 반복하며 1889년 샌프란시스코 차이나타운에 아시안들을 위한 '오리엔탈 학교'를 만들었다.

'인종 분리 교육은 위헌'이라는 연방대법원 결정을 이끌어 낸 소송은 1954년 '브라운 대 토피카 교육위원회' 소송이다. 캔자스주 토피카에 살았던 흑인 소녀 린다 브라운의 부친은 1951년 린다의 백인 초등학교 입학이 거부되자 시 교육위원회를 상대로 소송을 제기했다. 그의 뒤를 이어 델라웨어주, 버지니아주, 사우스캐롤라이나주 등에서도 유사한 소송이 이어졌다. 연방대법원은 3년 뒤 만장일치로 아동의 인종 간 분리 교육은 위헌이라는 판결을 내렸다. '브라운 소송' 100년 전 '테입 소송'이 있었고 주 대법원에서 승소를 했다. 안타깝게도 이 사실은 크게 알려지지 못했다.

이처럼 아시안 아메리칸의 역사는 중요하게 기록되고 교육되지 않고 있다. 미국 역사 교과 과정[K-12]에서 가르치는 내용은 80% 가까이 백인 관련(76%)이었으며, 흑인(10%), 라티노(6%) 관련 내용이 아주 조금 포함돼 있다. 아시안과 아메리카 원주민 관련 내용은 한 건도 없었다.[68] 안소현 교수의 분석에 따르면, 제2차 세계대전 당시 일본계 미국인에 대한 강제 수용, 1840년대 '골드러시'로 인한 중국인 이민자들의 유입, 1860년대 대륙횡단철도 건설 당시 중국인 노동자들

---

68 Julian Vasquez Heilig, "The Illusion of Inclusion: Race and Standards", 《Harvard Educational Review》, 2012.

의 역할, 1882년 '중국인 배척법' 정도만 일부 주에서 가르치고 있었다. 또 아동들이 읽는 책을 분석(2018년)한 결과, 백인이 주인공인 책이 전체의 50%에 달했다. 두 번째로 많이 등장하는 주인공은 동물(27%)이었다. 흑인(10%), 아시아태평양계(7%), 라티노(5%), 아메리카 원주민(1%) 등은 동물보다도 주인공이 되는 경우가 적었다.

미국 교육 내에서 다양성 교육에 대한 요구는 점점 커지고 있기 때문에 이제 막 시작단계이지만 아시아계 미국사를 공립학교 모범 교육 과정에 포함시키려는 움직임이 일고 있다. 코네티컷주, 일리노이주, 뉴저지주, 뉴욕주, 캘리포니아주에서는 아시아계의 역사 및 문화 교육을 정규 수업 과정에 포함시키는 법안을 통과시켰거나 논의 중이다.

교육은 인종차별을 경감시키는 데 매우 중요한 역할을 한다. '다름'에 대한 공포와 혐오는 '무지'에 기인하기 때문이다.

4) 백악관에 간 BTS…인종주의에 맞서 싸우는 AAPI

2022년 5월 31일, 백악관 브리핑룸에 100여 명의 기자들이 몰려들었다. 같은 시간 백악관 정문 앞에도 수백 명의 인파가 몰렸다. 이날 백악관 브리핑 생중계엔 동시 접속자 수가 수십만 명에 달하면서 최대 접속자 수를 기록, 한때 서버가 다운됐다.

케이팝 그룹 방탄소년단[BTS]이 이날 백악관을 찾았다. 이들은 미국에서 '아시아계, 하와이 원주민, 태평양 제도 주민[AANHPI] 유산의 달'인 5월의 마지막 날 바이든의 초대로 백악관을 방문해 아시아계 증오 범죄와 차별을 근절하기 위한 방안에 대해 논의했다.

바이든을 만나기 전 백악관 브리핑룸 연단에 선 BTS 멤버들은 한국어로 입장을 밝혔다.

"최근 아시아계를 대상으로 한 많은 증오 범죄에 대해 굉장히 놀랐고 마음이 안 좋다. 이런 일이 근절되는 데 조금이라도 도움이 되고자 오늘 이 자리를 빌려 목소리를 내고자 한다." -지민

"나와 다르다고, 그것은 잘못된 일이 아니다. 옳고 그름이 아닌 다름을 인정하는 것으로부터 평등은 시작된다고 생각한다." -슈가

"우리는 모두 각자의 역사를 가지고 있다. 한 사람 한 사람이 의미 있는 존재로서 서로 존중하고 이해하기 위한 또 한걸음이 되기를 바란다." -뷔

BTS는 바이든과 회동에서도 증오 범죄에 대한 논의를 이어 갔다. 바이든은 이들에게 "사람들은 당신들이 하는 말에 관심이 많다. 당신들이 소통하는 메시지가 중요하다"고 역할을 당부하기도 했다. BTS는 미국 의회에서 아시안 대상 증오 범죄와 관련한 '코로나19 증

오범죄법'[69]을 통과시키는 등 바이든 행정부가 개선책을 찾으려고 노력하는 것에 대해 사의를 표했다.

보수 언론 폭스뉴스는 당장 불편한 기색을 드러냈다. 트럼프 지지자들이 가장 좋아하는 언론인인 터커 칼슨은 이날 '투나잇 쇼'에서 BTS를 백악관으로 초청해 증오 범죄에 대해 논의한 것에 대해 누가 봐도 비꼬는 말투로 "오늘 백악관에 한국 팝 그룹을 초대했다 (종략) 잘했어, 애들아(Good Job, Boys)"라고 말했다. 그는 BTS에 앞서 소셜미디어 스타를 백악관에 초청했던 사실을 언급하면서 "국격을 떨어뜨리려는 이 나라가 싫다. 실제로 그렇게 되고 있다"고 비난했다. 물론 칼슨의 '망언'은 오히려 BTS 팬인 '아미'들이 그의 소셜 미디어 계정으로 몰려가 반박하는 역풍을 불러왔다.

코로나19로 증오 범죄가 급증하기 시작하자 문화예술인들도 적극적으로 저항운동에 동참했다. 영화배우 대니얼 대 김은 의회 청문회에서 증언을 했고, 한국계 배우 최초로 골든글로브상을 수상한 산드라 오는 집회에 참석해 발언하기도 했다. 영화 <미나리>로 아카데미 남우주연상 후보에 올랐던 스티브 연도 트위터에 아시안 증오 범죄를 규탄하는 바이든 발언 등을 공유했다.

영화배우 존 조와 가수 에릭 남은 언론 기고를 통해 이 문제의

---

69 아시아태평양계 미국인을 대상으로 한 증오 범죄 관련 법안(COVID19 Hate Crime Act)이 2021년 4월 22일 의회를 통과했다. 민주당 메이지 히로노 상원의원(하와이)이 발의한 이 법안은 22일 상원에서 찬성 94명, 반대 1명으로 압도적인 표차로 통과됐다.

부당함에 대해 알렸다. 존 조는 "전염병은 아시아계 미국인들에게 우리의 소속이 조건부임을 상기시키고 있다. 한순간 우리는 미국인이고, 다음 순간 우리는 모두 외국인이다. 그들은 여기서 바이러스를 '발견'했다"며 코로나19 사태를 아시아계의 책임으로 돌리는 태도에 대해 강하게 문제제기 했다.[70]

에릭 남은 "(애틀랜타 총기 난사 사건 당시) 보안관 대변인 표현대로 '누군가가 나쁜 하루를 보냈다'거나 '성중독' 탓으로 돌리는 것은 백인 특권의 극치다. 왜 우리 공동체의 여성들을 당신들의 성중독 배출구이자 희생자로 표현하나. (중략) 왜 그동안 말하지 않았냐고들 묻는데 분명히 하고 싶은 건 우리는 지난 1년 동안 그 어느 때보다 도움을 간청해 왔지만 당신들이 듣지 않았다"고 항변했다.[71]

---

70 John Cho, "Coronavirus reminds Asian Americans like me that our belonging is conditional", 《Los Angeles Times》, 2020.04.22.

71 Eric Nam, "If You're Surprised by the Anti-Asian Violence in Atlanta, You Haven't Been Listening. It's Time to Hear Our Voices", 《The Time》, 2021.03.19.

2

'신성불가침'이 된
미국의 총기 소지권

나는 2021년 크리스마스를 앞두고 한 공화당 의원이 자신의 트위터에 올린 가족사진을 보고 소스라치게 놀랐다. 크리스마스트리 앞에서 찍은 그의 가족사진은 흐뭇한 미소를 자아내는 것이 아니라 온몸에 소름이 돋게 만들었다.

그는 공화당 토마스 마시 하원의원으로 2021년 12월 4일 가족들이 모두 총기를 들고 활짝 웃는 사진을 올렸다. 미성년자로 보이는 그의 아들과 딸도 총을 들고 있었다. 마시 의원은 "메리 크리스마스! 추신. 산타할아버지, 탄약 갖다 주세요"라고 썼다.

그의 사진은 미시간주 옥스포드 고등학교 총기 난사 사건이 발생한 지 채 일주일도 안 지난 시점에서 올라온 것이라 더 충격적이었다. 옥스퍼드 고등학교 2학년이던 크럼블리는 부모에게서 "크리스마스 선물"로 받은 총으로 학생 4명을 살해하고 교사를 포함한 7명에게 부상을 입혔다.

공화당 로렌 보버트 하원의원도 며칠 뒤 반자동 소총과 기관 단

총을 들고 있는 4명의 어린 아들과 크리스마스트리 앞에서 사진을 찍어 올렸다. 그는 마시 의원에게 "그래도 탄약 여분은 없다"는 농담을 건네며 화답하는 방식으로 이 사진을 올렸다.

이런 소름 끼치는 가족사진은 총기 문제가 극우 세력에게 '정체성'으로 작동하고 있다는 사실을 보여 주는 증거이기도 하다.

1) 12분에 1명꼴로 총기 사고로 죽지만 '총기 소유 권리'에 집착하는 미국인들

넷플릭스 드라마 <지정생존자>는 미국 내 극단적 성향의 사이비 종교 신자들이 테러를 일으킨다는 설정이다. 현시점에서 2016년 첫 방영된 이 드라마를 보면 '예언'처럼 느껴진다. 성공한 1월 6일 폭동과 그 이후에 대한 이야기라고 볼 수 있기 때문이다. 극우 음모론자들이 대통령이 시정 연설을 하는 날 국회의사당에 폭탄을 설치해 대통령을 포함한 내각, 상하원 의원, 연방대법관 등 3부 인사가 떼죽음을 당한다. 이로 인해 내각에서 최하위 서열에 있던 '지정생존자' 도시개발부 장관(톰 커크먼)이 대통령직을 승계해 미국을 재건해 가는 과정을 그리고 있다.

이 드라마에서도 총기 규제를 둘러싼 갈등이 소재로 등장한다. 총기 규제를 첫 번째 법안으로 하려는 대통령에게 기자가 질문한다. "이렇게 민감한 이슈를 다루게 돼서 정치적 입지가 불리해질까 걱정되지 않습니까?" 의사당 폭탄 테러로 폐허가 된 상태인데도 미국에서 총기 규제는 여전히 뜨거운 감자로 여겨진다는 얘기다. 대통령은 법안을 추진하는 이유에 대해 "이 법은 당신에게서 총을 빼앗으려는 것이 아니다. 총이 불순한 의도로 사용되지 않게 하기 위한 것"이라고 설명했다. 총기 규제 논쟁에서 항상 등장하는 논란이다.

"바이든과 민주당은 절대 내게서 무기를 뺏어 가지 못할 겁니다."

2020년 1월 20일, 미국 흑인 민권운동의 상징인 마틴 루터 킹 목사를 기리는 '마틴 루터 킹 데이'에 버지니아주 주도인 리치몬드엔 2만 명이 넘는 시위대가 총기로 중무장을 하고 시위를 벌였다. 당시 민주당 출신인 랄프 노덤 주지사와 민주당이 다수당을 점하고 있던 주의회가 총기 규제를 강화하는 법을 추진하는 것에 대해 분노한 총기 옹호론자들이 벌인 시위였다. 주 정부는 트럼프 집권 직후 발생한 '샬러츠빌 폭동'[72] 같은 일이 재발할까 우려했지만, 다행히 폭력

---

[72] 2017년 8월 12일 버지니아주 샬러츠빌(Charlottesviie)시에서 극우 세력의 차량 테러로 1명이 사망하고 19명이 부상당하는 일이 발생했다. 남북전쟁에서 남부연합의 로버트 리 장군의 동상을 철거하기로 버지니아주에서 결정하자 이에 반발한 백인우월주의 극우 세력이 모여 연일 시위를 벌였다. 이에 동상 철거를 찬성하는 진보 세력도 집결했고, 결국 양측의 갈등은 한 극우 청년이 차를 몰고 진보 측 시위대 쪽으로 돌진하면서 사상자가 발생하는 폭력 사태로 종결됐다. 당시 대통령이었던 트럼프는 폭력을 가한 극우 세력을 비난하지 않고 이들을 노골적으로 감싸면서 진보 쪽에도 책임을 돌리는 발언을 해 논란이 일었다.

사태로 비화하지는 않았다. 이 집회에 참석했던 한 40대 여성에게 집회에 참석한 이유를 묻자 이렇게 답했다. 그는 총이 자신과 가족을 외부의 위협으로부터 지켜 주며, 이처럼 총을 통해 얻을 수 있는 '자신감'이 자신의 삶에서 소중한 자산이라고 설명했다. 그의 말은 트럼프가 이 시위를 지지하며 트위터에 올린 말과 똑같았다. "민주당을 뽑으면 그들은 당신의 총을 빼앗아 간다."

미국 인구 3억 3,200여만 명이 소지한 민간 총기는 약 4억 정이다. 세계 인구의 4%인 미국인들이 세계 민간 총기의 42%를 보유하고 있다. 이처럼 총이 많은 이유는 성인이면 누구나 쉽게 총을 구입할 수 있기 때문이다. 주별로 차이가 있지만 대체로 사냥용 장총은 18세 이상, 권총은 21세 이상이면 간단한 신원조회를 거쳐 구입할 수 있다. 신원조회에서 중범죄 전과자, 마약중독자, 정신이상자 등과 같은 기록만 나오지 않으면 된다. 때문에 미국에서는 '술보다 총이 사기 쉽다', '투표하는 것보다 총을 사는 것이 쉽다'는 말이 통한다. 미국에서 술은 21세 이상만 살 수 있고, 투표를 하기 위해선 사전에 유권자등록이 필요하다.

인구 1명이 1정 이상 가진 총 때문에 총기 사고도 상상을 초월할 정도로 많이 일어난다. 총기 사고와 관련된 통계를 집계하는 '총기폭력기록저장소GVA'[73]에 따르면, 2021년 한 해 동안 4만 4,844명이 총

---

73 https://www.gunviolencearchive.org

기 사고로 사망(자살 포함)했다. 12분에 1명꼴이다. 총기 사고 사망자 중 11세 미만의 아동은 311명, 12~17세 청소년은 1,240명에 이른다.

미국에서 총기 소유는 헌법(수정헌법 2조)에서 보장하는 권리다. 이는 수정헌법 제1조의 종교와 표현의 자유와 함께 신성불가침의 기본권으로 인식되고 있다. 어느 나라나 개별 법안과 달리 헌법을 개정하는 일은 전폭적인 여론의 동의를 얻어야 하는 쉽지 않은 일이다. 미국도 마찬가지다.

문제는 개인의 총기 소지의 자유와 권리가 다른 사람의 생명과 안전을 위협해서는 안 된다는 점이다. 그런데 총기를 소지할 개인의 권리가 어느 수준까지 보장돼야 하는가에 대한 생각은 정치적 성향에 따라 확연하게 구분된다. 전통적으로 민주당 지지자들은 "총기 규제를 강화해야 한다"는 주장에 찬성하는 반면, 공화당 지지자들은 "총기 소유의 권리와 자유"를 강조한다. 이들은 수정헌법 2조에 명시돼 있는 '총기 소지 권한'을 개인의 자유권으로 등치시켜 신성불가침의 영역으로 만들었다. 공화당 극우 세력이 총기 규제를 정책 영역이 아니라 정체성의 영역으로 변환시키면서 협의와 조정을 통한 법 제정이 과거에 비해 더 어려워졌다.

왜 보수주의자들은 총기 소유에 그토록 집착하는가? 조지메이슨대학교 빌 슈네이더 교수는 '작은 정부'를 지향하는 보수주의자들은 총을 폭압적인 연방 정부에 대한 궁극적인 방어 수단으로 본다고 설명한다.

"종종 총기 박람회에 가서 총기 소유자들과 얘기를 나눴다. 그들은 개인의 권리의 궁극적인 보장으로서 총기 소유를 옹호한다. 그들 중 일부는 내게 '유럽에 있는 유대인들이 총을 가지고 있었다면 홀로코스트는 없었을 것'이라고 말했다. 총이 자유의 궁극적인 보장이라는 생각은 미국만의 독특한 개념이다."[74]

'총을 정부에 대항하는 방어 수단으로 본다'는 주장은 미국 시카고대학교가 실시한 여론 조사에서도 확인된다. 이 조사에 따르면 미국인의 28%가 "정부에 맞서 무기를 들 필요가 있을 수도 있다"고 답했으며, 4명 중 1명이 정부에 맞서 무기를 들 수 있다는 얘기다. 특히 스스로를 강력한 공화당 지지자라고 밝힌 이들 중 이런 답변을 한 사람은 거의 절반에 가까운 45%나 됐다. 전체 공화당 지지자들의 35%, 무당파의 35%, 민주당 지지자들의 20%가 이에 동의했다.[75]

2) '수정헌법 2조'의 해석까지 바꾼 검은 손, NRA

스위스는 미국만큼 총을 사랑하는 국가다. 870만 명의 인구 중 개인적으로 총기를 소유한 사람이 200만 명에 달한다. 그러나 총기 살

---

74 Bill Schneider, "Guns, insurrection and the persistence of Trumpism in Republican identity", 《The Hill》, 2022.06.12.

75 University of Chicago's Institute of Politics (IOP), "Our Precarious Democracy Extreme Polarization and Alienation in Our Politic", 2022.06.29.

해는 인구 10만 명당 0.02명으로 사실상 제로에 가깝다. 스위스에서 일어난 총기 난사 사건은 2001년 9월 27일이 마지막이었다. 반면 미국에서 총기 살해는 인구 10만 명당 4.46명, 총기 난사 사건(4명 이상의 사망자 발생)은 2012년 이후 지난 10년 간 1,900여 건에 달한다. 하루에 1번꼴이다.[76]

두 국가의 차이는 총기 소유와 관련한 문화와 인식의 차이에서 발생한다. 스위스에서 총은 사냥, 사격과 같은 스포츠를 즐기기 위한 수단이다. 총기를 소유하기 위해선 엄격한 신원조회와 교육 및 훈련을 거쳐야 한다. 총기 구매 후 2주 뒤에나 소유할 수 있으며 공공장소에서는 총기를 소지할 수 없다. 또 총기를 사용하지 않을 때에는 장전해서는 안 된다. 이 밖에도 총기가 인명 살상 무기로 악용되는 것을 막기 위한 수많은 법적 제재가 존재한다.

이에 비해 미국의 총기 규제는 허술하기 짝이 없다. 미국인들은 총을 스포츠나 레저를 즐기기 위한 도구로 생각하는 것이 아니라 자신의 안전을 지키기 위한 수단, 더 나아가 자유로운 개인의 권리로 여긴다. 그리고 그 근거로 '수정헌법 2조'를 제시한다.

"잘 규율된 민병대는 자유로운 주의 안보에 필요하기 때문에 무기를 소장하고 휴대하는 국민의 권리는 침해될 수 없다(A well

---

[76] "Switzerland: So Many Guns, No Mass Shootings", 《The Daily Show with Trevor Noah》, 2022.05.29.

regulated Militia, being necessary to the security of a free State, the right of the people to keep and bear Arms, shall not be infringed)."

　수정헌법 2조는 1791년 제정될 당시의 미국 상황이 반영됐다. 영국 식민지 지배에 반기를 든 미국인들은 (당시 정부군이 없었기 때문에) 민병대를 조직해 독립전쟁에 나섰다. 미국은 연방제 국가이기 때문에 민병대를 통한 자위는 각 주의 자치권 보장이라는 측면에서도 중요했다. 그런데 수정헌법 2조에서는 국민^{People}의 총기 소유와 휴대에 대한 권리를 '잘 규율된 민병대 조직'이라는 전제하에 보장하고 있다. 이 조항이 지금에는 어떤 과정을 거쳐 개인의 총기 소유를 보장하는 조항으로 해석되게 됐을까? 이는 전미총기협회^{National Rifle Association, NRA}의 존재를 떼 놓고는 설명할 수 없다.

　연방대법원은 1939년 의회가 총열이 짧은(18인치 미만) 엽총에 대한 개인의 소유를 금지할 수 있다고 만장일치로 판결을 내렸다.[77] 수정헌법 2조가 민병대의 군사력 유지나 향상과 관련 없는 개인의 살상 무기의 소지와 휴대까지 보장한다고 볼 수 없다는 것이 이유였다. 대법원의 이 판례는 개인의 대량 살상 무기 소유를 규제하는 근거가 됐다.

　NRA는 이 판례에 이의를 제기하면서 연방 정부가 수정헌법 2

---

[77]　United States v. Miller, 307 U.S. 174

조의 권리를 제한하고 있다고 지속적으로 이의를 제기했다. 결국 NRA의 주장대로 수정헌법 2조에 대한 해석이 민병대와 무관하게 개인의 총기 소유권을 보장해 줘야 한다고 뒤집힌 것은 2008년 '워싱턴 D.C. 대 헬러' 판결이었다.

무장경비대 소속인 딕 헬러는 '권총의 소유를 금지하고 개인 집에서 소총과 엽총을 보관할 때는 총알을 장전하지 않거나 안전장치를 걸어 둬야 한다'는 워싱턴 D.C.의 총기 규제 법안이 헌법이 보장한 권리를 침해하고 있다며 소송을 제기했다. 대법원까지 올라간 해당 재판에서 대법원은 5 대 4로 "민병대와 상관없이 개인이 총을 소유할 권리"를 인정하는 판결을 내렸다. 이 소송에 들어간 막대한 비용은 NRA가 감당했다.

2010년 퇴임한 존 폴 스티븐스 전 대법관은 이 판결이 잘못됐다고 확신한다면서 "이 판결은 NRA의 엄청난 선동 무기가 됐다"고 비판했다. 그는 수정헌법 2조가 "18세기의 유물"이라며 폐지돼야 한다고 주장했다.[78]

대법원장을 지냈던 워렌 버거는 NRA가 수정헌법 2조를 근거로 개인의 총기 소지 자유를 주장하는 것에 대해 "가장 위대한 사기 행위 중 하나"라고 비판했다.

NRA의 로비는 미국에서 총기 규제 법안이 강화되기 어려운 이

---

[78] John Paul Stevens, "Repeal the Second Amendment", 《The New York Times》, 2018.03.27.

유이기도 하다. 연간 4억 달러의 수입을 거두고, 550만 명의 회원을 보유하고 있는 NRA는 1871년 창립 당시만 해도 총기 소유자의 사냥 등 취미 활동을 위한 레크리에이션 클럽에 불과했다. 그러나 2016년 선거에서 NRA에 의해 당락이 결정된 후보 비율이 72%에 이른다는 분석도 있을 정도로 NRA는 현재 미국 정치를 주무르는 최대 로비단체가 됐다.

NRA는 1977년 '정치행동위원회PAC'를 출범시켜 의원들에게 정치자금을 후원하면서 입법 활동에 본격적으로 영향을 미치기 시작했다. 초기에는 민주당과 공화당에 골고루 정치자금을 후원하던 NRA는 이제는 공화당 위주로 정치자금을 후원하고 있다.[79] 정치자금 내역을 추적하는 비영리단체 '오픈시크릿'에 따르면, 1989년 이래 NRA가 정치자금을 후원해 온 상위 100명 의원 가운데 98명이 공화당 출신이다. 고액 수혜자 중에 상원 공화당 원내대표인 미치 매코널, 2012년 공화당 대통령 후보를 지낸 밋 롬니 등이 있다. NRA는 2020년 선거 때에도 트럼프와 공화당 의회·주지사 후보들을 지원하기 위해 2,900만 달러 이상을 썼다. 2016년 대선 당시에도 트럼프를 위해 3,100만 달러를 후원했다.[80] 트럼프는 텍사스주 롭 초등학교 총기 참사 나흘 만에 텍사스주에서 개최된 NRA 연례총회에 참석해 춤

79 정재민, "미국의 총기 규제 법안이 '그림의 떡'인 이유", 《시사인》, 2022.07.02.
80 Ewan Palmer, "Full List of Republican Senators Who Receive Funding From the NRA", 《NewsWeek》, 2022.05.26.

을 추며 연설을 해 비난을 샀다. 트럼프는 이날 "총을 든 악당에 맞서기 위해 총을 든 선한 사람이 필요하다"며 총기 규제를 노골적으로 반대하는 연설을 했다.

NRA는 비자금 조성 및 횡령 의혹으로 뉴욕주와 법정 공방을 벌이면서 2022년 1월 파산 신청을 하는 등 위기를 겪고 있지만, 여전히 공화당을 기반으로 막강한 정치적 영향력을 행사하고 있다.

3) '백인/남성 우월주의'에 근거한 미국의 총기 문화

18세 백인 남성 페이튼 겐드론이 2020년 5월 미국 뉴욕주 버팔로의 한 식료품점에서 총기를 난사해 10명이 사망했다. 뉴욕 남부에 거주하는 겐드론은 322킬로미터를 운전해 흑인들이 많이 거주하는 버팔로에 와서 총격 사건을 벌였다. 검찰은 이 사건이 인종주의 범죄라고 보고 있다. 겐드론은 범행 전 성명을 인터넷에 올렸는데, 자신을 백인우월주의자라고 밝히며 이번 공격이 모든 비백인, 비기독교인들을 공포에 떨게 하고 이들이 미국을 떠나도록 하기 위한 것이라고 밝혔다. 2021년 3월 애틀랜타에서 발생한 총격 사건도 백인 남성이 의도적으로 아시안 마사지숍과 스파 등을 겨냥해 총기를 난사했다는 점에서 인종주의 범죄로 볼 수 있다.

진보성향의 미국 역사학자들은 '시민'들이 공공장소에서 무기를 소지할 헌법적 권리를 가지고 있다는 생각은 남북전쟁 이전의 남부 지역의 문화에서 비롯됐다고 주장한다. 포덤대 사울 코넬 교수(역사학)와 뉴욕대 에릭 루벤 교수(법학)는 "총기 옹호론자들이 주장하는 총기 소유의 권리는 노예를 보유하고 있던 남부의 세계관과 선례에 근거를 두고 있다"면서 미국의 총기 문화가 노예제와 밀접한 연관이 있다고 설명했다.[81]

19세기 미국에서 '노예'는 '시민'이 아니었기 때문에 미시시피주를 비롯한 상당수의 남부 지역에서는 (노예뿐 아니라 자유) 흑인들의 총기 소유를 금지하는 법안이 존재했다. 민주주의 종주국을 자처하는 미국에서 투표할 수 있는 권한이 처음엔 '일정 정도 재산을 가진 백인 남성'들에게만 주어졌던 것과 마찬가지로 총을 소유할 수 있는 권한도 상당 기간 '백인'들에게만 주어진 일종의 특권이었다.

미국의 총기 문화는 '인종주의'와 동떨어져 설명할 수 없다는 이야기는 '백인 우월주의'를 노골적으로 부추겨 온 트럼프 지지자들이 '총기 규제'에 강하게 반대하는 이유를 설명해 주기도 한다. 반자동 소총으로 인종차별 항의 시위 참가자 2명을 살해하고 1명에게 부상을 입혔으나 '정당방위Self-defense'라는 이유로 2021년 11월 무죄 방면된 카일 리튼하우스 사건도 이를 잘 보여 준다. 사건 당시 17세에 불과했던 리튼하우스는 백인우월주의자들 사이에선 영웅 취급을 받는다. 그는 "흑인들의 생명도 소중하다BLM" 시위에 반대하는 극우 세력

---

81 Saul Cornell & Eric M. Ruben, "The Slave-State Origins of Modern Gun Rights", 《The Atlantic》, 2017.10.02.

의 구호인 "경찰들의 생명도 소중하다" 운동에 동참해 왔으며, 2020
년 대선 당시 트럼프 유세에 여러 차례 참여하는 등 우파 정치운동
에 적극적으로 참여했다. 트럼프의 열혈 지지자 중 한 명인 마이크
린델 마이필로 사장이 그를 위해 모금운동을 벌여 200만 달러(약 22억
원)에 달하는 거액의 보석금을 대신 내주기도 했다. 트럼프는 리튼하
우스가 무죄로 풀려나자 그와 어머니를 자신의 마러라고 리조트로
초대해 만나기도 했다. 트럼프는 이 자리에서 리튼하우스를 "훌륭한
청년"이라고 극찬했다.

시위대 2명 살해한 백인 소년 '무죄'…
인신매매범 살해한 흑인 소녀는?

리튼하우스의 무죄 평결은 한 백인 남성에게 유인당한 뒤 성적 학대와 성매
매 강요에 시달리다 그 남성을 살해한 흑인 소녀 크리스털 카이저 사건을 소
환했다. 카이저는 17세 때 자신을 학대하고 성매매를 강요했던 인신매매범
랜달 볼라 3세를 총을 쏴서 살해한 혐의로 위스콘신주에서 재판을 받았다.
카이저는 1급 고의 살인 등 5건의 중범죄로 종신형을 선고받고 2020년 6월
까지 수감돼 있다가 시민단체와 여러 사람들이 모금운동을 벌여 40만 달러
의 보석금을 마련해 풀려난 상태다.[82]

　　카이저의 변호인들은 그가 볼라를 살해한 행위는 오랫동안 강요된 성
매매의 피해자가 된 것에 따른 직접적인 결과이므로 "위법성 조각 사유

---

82 Erik Ortiz, "Chrystul Kizer, trafficking victim accused of killing alleged abuser, wins appeal",
NBC News, 2021.06.05.

(Affirmative defense, 확장된 의미의 방어)"라고 주장하고 있다. 위스콘신주 항소법원은 이런 주장을 받아들였으며, 현재 주 대법원이 이를 검토 중이다.

연방법에 따르면, 성매매를 하는 미성년자는 상황에 관계없이 모두 인신매매 피해자다. 대부분의 주에서 인신매매 피해자들이 "위법성 조각 사유"를 주장하는 것을 법적으로 인정하고 있다. 인신매매를 당해서 범죄를 저질렀다는 것을 증명할 수 있다면 특정 혐의에 대한 무죄 판결을 받을 수 있다. 위스콘신주도 마찬가지다. 다만 위스콘신주에서 이 개념이 살인 사건에서 받아들여진 적은 아직 한 번도 없다.

카이저는 16세 때 인터넷 사이트를 통해 볼라(당시 33세)를 처음 만났으며, 이후 그에게 성매매를 강요당했다. 또 볼라는 카이저를 여러 차례 성적으로 학대했고, 이 장면을 촬영하기도 했다. 2018년 6월, 볼라는 카이저에게 성관계를 요구했는데 카이저가 거부하자 강제로 바닥에 눕혔다. 몸싸움 끝에 카이저는 볼라를 총으로 쏜 뒤 차를 훔쳐서 달아났다. 검찰은 카이저가 볼라의 차를 훔치려고 고의로 그를 살해했다고 주장했지만, 카이저는 자신이 고의로 살해한 것이 아니라 정당방위였다고 주장했다.

볼라는 사건이 발생하기 4개월 전인 2018년 2월 아동 성폭행 등의 혐의로 체포됐지만 풀려났다. 경찰은 당시 수사 과정에서 볼라가 15세 소녀에게 약을 먹이고 죽이겠다고 위협했다는 사실, 그가 12세로 추정되는 소녀들을 학대하는 영상 등을 발견했다.

카이저와 변호인들은 그가 일상적인 성적 학대와 죽음에 대한 공포에 시달리는 상황에서 성매매를 강요당했으며, 때문에 볼라를 살해한 것은 '정당방위'로 봐야 한다고 주장한다.

또 카이저를 옹호하는 이들은 리튼하우스는 자기방어가 필요한 위협적인 상황을 자발적으로 선택했지만(자신이 원해서 반자동 소총을 들고 시위 현장에 갔다),

아노크라시

카이저가 일상적인 성적 학대와 성매매를 강요당한 상황은 전혀 자발적인 선택이 아니라고 강조한다.

그러나 카이저 사건에서도 정당방위 주장이 받아들여질지는 미지수다. 일반적으로 정당방위 사건에서 흑인은 백인에 비해 무죄 선고를 받는 경우가 많지 않다.

정부에 맞서는 외로운 카우보이

보스턴대학교 헤더 콕스 리처슨 교수(역사학)은 현재와 같은 '총기 소지 자유'에 대한 인식이 미국 건국 당시부터 유래된 것이 아니라 1970~1980년대 보수 세력이 뉴딜정책에 반대하면서 만들어 낸 담론에서 비롯된다고 주장한다. 프랭클린 루스벨트 대통령의 경제정책인 뉴딜 정책은 1930년대 대공황을 극복하는 원동력이 됐다. 사회 안전망 제공과 인프라 건설 등을 주도하는 큰 정부를 기반으로 하는 뉴딜 정책은 1950년대 이후 미국의 경제적 부흥기와 1960년대 민권 운동의 성장을 불러왔다.

민주당의 중요한 정치적 자산이 된 뉴딜 정책에 맞서는 아이디어를 제공한 정치인은 공화당 내 강경 우파의 시초로 평가받는 배리 골드워터 전 상원의원이다. 1964년 공화당 대선후보였던 그는 뉴딜 정책을 '사회주의'로 몰아붙이면서 '큰 정부'에 맞서는 '작은 정부'를 주장했다. 연방 정부의 부당한 규제와 간섭에 저항하는 개인의 이미지는 '외로운 카우보이'로 연출됐으며, 이를 적극적으로 활용한 정치

인이 골드워터의 대선 지지 연설로 유명세를 얻게 된 로널드 레이건이다.[83]

리처슨 교수는 역사적으로 카우보이 중 3분의 1은 유색인종이었지만 총을 들고 정부(규제)에 맞서 개인의 자유를 지키는 카우보이의 이미지는 젊은 백인 남성이라고 지적했다. 총을 들고 외롭게 정의를 구현하는 카우보이들은 "브로맨스의 세계"에 살았으며, 여기엔 유색인도 여성도 존재하지 않았다. 그들의 세계에서 여성은 성노동자들밖에 없었다.

"카우보이 세상은 인종차별뿐 아니라 성차별에 기반하고 있기 때문에 이들은 여성, 유색인종에게 지배권을 행사하는 것을 당연하게 여긴다. 그래서 이들은 자신이 AR-15(반자동 소총)을 소유할 수 있는 자유와 권리를 주장하면서 동시에 여성의 신체에 대한 자율권인 임신중단 권리를 빼앗는 것에 대해 아무런 논리적 모순을 느끼지 않는다."[84]

---

83 레이건은 NRA 종신회원으로 총기 규제 반대론자였다. 그러나 취임 초였던 1981년 3월 저격 사건으로 목숨을 잃을 뻔한 일이 발생하면서 총기 구매 시 신원조회를 요구하는 법안을 통과시켰다. 이 사건으로 평생 휠체어 신세를 지게 된 제임스 브래디 당시 백악관 대변인은 총기 규제 옹호론자가 됐다.

84 Heather Cox Richardson: U.S. Politics "A Tyranny of the Minority", Amanpour and Company, NPR, 2022.05.28.

총을 가진 백인이 흑인에 비해 7배 더 많다

퓨리서치센터의 조사(2017년)에 따르면, 미국에서 총기를 소유한 백인의 비율이 흑인에 비해 훨씬 많았다. 백인은 개인적으로 총을 소유하고 있다는 응답자가 36%, 가정에서 총을 소유하고 있다는 응답자가 49%에 달했다. 이에 비해 흑인은 개인적으로 총을 소유한 이는 24%, 가정에서 총을 소유하고 있는 경우는 32%에 그쳤다. 히스패닉계는 각각 15%, 21%로 더 낮았다.[85] 실제 인구 구성비(백인이 60%, 흑인 13%)를 감안하면 개인적으로 총을 소유하고 있는 백인은 흑인에 비해 7배 정도 많다고 할 수 있다.

퓨리서치센터는 총기 소유 관련 인종별 격차가 정치성향과 밀접한 연관이 있다고 설명했다. 흑인들의 약 90%가 선거에서 민주당에 투표한다. 그런데 이 조사에서 민주당 지지자들 중 개인적으로 총기를 소유한 사람은 20%, 총기를 소유한 가정은 30%에 이른다. 이처럼 흑인들과 민주당 지지자들의 총기 소유 비율이 거의 유사하기 때문에 정치성향과 관련이 있다는 설명이다.

2020년 팬데믹과 인종차별 항의 시위로 인해 인종적 갈등이 커지면서 총을 사는 흑인들의 숫자가 늘었나. 미국 국립사격스포츠재단[NSSF]에 따르면, 2020년 상반기 동안 총기 구매는 전년에 비해 95%나 늘었다. 이 기간 동안 총을 구매한 흑인들의 숫자는 전년에 비해 58.2% 증가했다. 그러나 같은 기간 총을 구매한 백인들의 수도 1년 전에 비해 51.9% 증가했다. 전체 총기 구매자들을 인종과 성별로 구분하면 백인 남성 55.8%, 백인 여성 16.6%, 흑인 남성 9.3%, 히스패닉 남성 6.9%, 아시안 남성 3.1%, 히스패닉 여성

---

85 Pew Research Center, "America's Complex Relationship With Guns", 2017.06.22.

2.2%, 아시안 여성 0.7% 순으로 나타났다.[86]

　이처럼 총기 구매가 급증한 것에 대해 조지워싱턴대학교 로버트 코트롤 교수는 "불확실성의 시대에 사람들은 자신을 방어할 수단을 가질 수 있기를 원한다"고 설명했다. 코로나 바이러스에 맞서 마스크가 아니라 총을 사는 것은 미국 사회의 독특한 현상 중 하나였다.

---

4) 총기 문화의 비극: 학교 총기 사고

"총격범은 선생님께 '자요(Good night)'라고 말하고 머리에 총을 쏘고, 반 친구들과 화이트보드를 쐈어요."

　미국 텍사스주 유밸디의 롭 초등학교 총기 참사 생존자인 4학년 미아 세릴로(11세)가 미국 하원에서 증언을 했다.[87] 이 학교에선 2022년 5월 24일 18세의 총격범이 침입해 19명의 학생과 2명의 교사를 살해하는 사건이 있었다. 미아가 회상한 당일의 끔찍한 상황은 다음과 같았다.

　총격범이 학교로 들어왔을 때 미아네 반은 영화를 보고 있었다. 총격범이 다가오자 교사는 문을 잠그기 위해 움직였는데, 그때 범인

86 National Shooting Sports Foundation, "NSSF survey revels broad demographic appeal for firearm purchases during sales surge of 2020", 2021.07.21.

87 4th grader Miah Cerrillo shared her story on how she survived the shooting at Robb Elementary, ABC News, 2022.06.09.

과 교사는 눈을 마주쳤다. 교사는 총격이 시작되기 직전 학생들에게 책상과 배낭 뒤에 숨으라고 명령했다. 교실로 난입한 총격범은 교사에게 "잘 자요"라고 말하고 총을 쏜 뒤 학생들에게도 총을 쐈다. 미아는 총격범이 다시 교실로 돌아올 것 같아 죽은 친구의 피를 온몸에 발랐다. 그리고 미아는 살해당한 교사의 전화로 911에 구조 요청을 했다. 미아는 전화로 경찰을 교실로 보내 달라고 구조대원에게 말했지만, 당일 경찰은 1시간 이상 교실에 들어오지 않고 복도에서 대기했다.

이날 청문회에선 유밸디 총기 참사 피해자들이 이송된 병원의 소아과 의사 로이 게레로 씨도 증언을 했다. 그는 당시 처참했던 사망 어린이들의 상태에 대해 증언했다.

"자신들을 향해 발사된 총탄에 몸이 분쇄된 두 아이는 살이 너무 찢어져서 신원을 알 수 있는 유일한 단서는 여전히 아이에게 달라붙어 있던 만화가 그려진 피로 범벅이 된 티셔츠뿐이었습니다."

미국에서는 학교 내 총기 사고로 매년 적게는 수십 명에서 많게는 100여 명의 학생들이 죽거나 다친다. 미국 교육통계센터의 자료[88]에 따르면, 코로나19 사태 이전인 2019~2020학년(2019년 9월~2020

---

[88] Number of school shootings at public and private elementary and secondary schools, National Center for Educational Statistics

년 8월)에는 112건의 총기 사고가 발생했으며, 32명이 사망하고 88명이 부상당했다. 2018~2019학년엔 112건의 총기 사고로 사망 33명, 부상 79명이 발생했다. 가장 많은 사상자가 발생했던 2017~2018학년에는 87건의 총기 사고로 52명이 사망하고 130명이 다쳤다. 지난 2000년부터 2020년까지 20년 간 총 886건의 학교 총기 사고가 발생해 383명이 사망하고 805명이 부상당하는 등 1,188명의 사상자가 발생했다.

총기 사고는 3분의 2가량이 고등학교(543건)에서 발생했지만 초등학교(175건)와 중학교(102건)에서도 무시 못 할 숫자로 사건이 발생했다. 지난 2012년 일어난 샌디훅 초등학교(코네티컷주 뉴타운) 사건이 대표적이다. 당시 20세 청년이 학교로 뛰어 들어와 총기를 난사해 6~7세 어린이 20명과 학교 직원 6명이 사망했다.

학교에서도 총기 사고가 빈발하기 때문에 학생들은 유아원에서부터 총기 사고 관련 훈련을 받는다. 지난 2016년 미시간주에 사는 한 부모가 세 살 난 딸이 화장실 변기 위에 올라선 모습을 찍은 사진이 소셜 미디어에서 화제가 된 적이 있었다. 처음에는 딸이 장난을 치는 것인 줄 알았던 이 여성은 딸이 유아원에서 총격 등 긴급 사고가 발생했을 때 대피하는 '락다운 드릴Lockdown Drill'을 배웠다는 것을 알고 가슴이 아팠다고 밝혔다. 그는 "겨우 세 살짜리가 화장실 변기 위에 숨는 것을 배우고 있다"고 분노하면서 정치인들에게 "당신들의 결정이 만든 세상에서 이 아이는 살게 된다"고 책임을 추궁했다.

학교 총기 사고가 발생하면 미국 언론에서는 학교 총기 사고와 관련한 대응책으로 평소 얼마나 대피 훈련을 철저히 하고 있는지에 대한 보도를 하기도 한다. 그러나 대피 훈련, 방범 카메라, 방문객들을 대상으로 한 검색대 등 외형적인 예방 조치만으로 학교 총기 사고를 근절하기 어렵다. 학교 총기 사고는 일상적으로 일어나는 총격 사건의 한 부분이기 때문에 총기 사고 자체가 줄어들지 않는 한 근본적인 해결책은 존재하지 않는다.

5) 미국의 총기 규제, 1보 전진 후 2보 후퇴

17명의 사망자가 발생한 2018년 플로리다주 파크랜드 고등학교 총기 난사 사건의 총격범은 만 18세 때 합법적으로 구매한 반자동 소총AR-15으로 범행을 저질렀다. 2022년 5월 10명이 사망한 뉴욕주 버팔로 슈퍼마켓 총기 난사 사건의 범인도 18세에 합법적으로 구매한 반자동 소총을 범행에 사용했다. 그로부터 열흘 뒤 텍사스주 롭 초등학교 총기 난사 사건의 총격범도 18세에 합법적으로 구매한 반자동 소총을 썼다. 한 달여 뒤 7월 4일 시카고 교외에서 열린 독립기념일 퍼레이드 행렬에 무차별 총격을 가해 7명이 사망한 사건의 범인인 21세 남성도 합법적으로 구매한 여러 정의 총으로 범행을 저질렀다.

미국에서 총기를 구매하기 위해선 신원조회를 거쳐야 하지만 요식 행위에 가깝다. 플로리다 파크랜드 고등학교 총격범은 가벼운 자폐증을 앓고 있었고, 독립기념일 행진 총격범은 가족들을 위협하는 등 문제를 일으켜 경찰이 출동한 전례가 있지만, 이들은 아무런 문제 없이 총을 구매할 수 있었다. 이처럼 '합법적으로 구매'한 총이 대량 살상 무기로 사용된 현실에 대해 일각에선 "공화당의 '프로라이프(Pro-Life, 생명옹호)'들은 왜 임신중단만 반대하고 AR-15은 반대하지 않느냐"고 비판하기도 했다.

2022년 6월 23일, 미국 상원은 총기 규제 법안을 승인했다. 1993년 '돌격소총 금지법' 이후 29년 만에 총기 규제 법안이 의회를 통과했다.

바이든은 총기 규제를 대선 공약 중 하나로 내세웠고 하원에서도 이미 2건의 총기 규제 법안이 통과됐지만 필리버스터(찬성 의원이 60명을 넘지 않을 경우, 법안 통과에 반대하는 의원들이 이를 방해할 수 있다)가 존재하는 상원의 벽을 넘기 쉽지 않았다. 그러나 19명의 초등학생과 2명의 교사가 사망한 롭 초등학교 총기 참사로 규제 여론에 불이 붙으면서 공화당 상원의원 15명이 찬성으로 돌아섰고, 실제 표결에서 13명의 공화당 의원이 찬성, 2명이 기권표를 던졌다.[89]

법안은 21세 미만이 총기를 구매할 경우 신원조회를 강화하고, 법원이 위험인물로 간주한 이들의 총기 소지를 제한하는 '적기법[Red Flag Law]'을 제정하기 위한 자금을 주에 지원하는 방안, 배우자에게만

89 Emily Erdos, "These are the 15 Republican senators who voted for the bipartisan gun bill", 《The New York Times》, 2022.06.23.

적용되던 가정 폭력 가해자의 총기 구매 제한을 데이트 폭력 가해자에게 확대 적용하는 방안 등을 담았다. 그러나 하원에서 통과한 21세 미만의 반자동 무기 구매 금지안은 담기지 않았다.

상원이 거의 30년 만에 총기규제법을 통과시킨 날, 연방대법원은 공공장소에서 총기 소지를 금지하는 뉴욕주법이 위헌이라고 판결을 내렸다. 대법원은 수정헌법 2조를 "자기방어를 위해 집 밖에서 권총을 소지할 개인의 권리를 보호"하는 것으로 봐야 한다며 집 밖에서 총기 소지를 제한하고 필요할 경우 면허를 받도록 한 뉴욕주법이 위헌이라고 판결했다. 이 결정엔 보수성향의 대법관 6명이 찬성했으며, 3명의 진보성향 대법관은 반대했다. 대법원의 결정은 뉴욕주뿐 아니라 유사한 법이 있는 캘리포니아주, 하와이주, 뉴저지주 등에도 영향을 미칠 것으로 보인다.

특히 알리토 대법관은 판결문에서 한 달 전에 뉴욕주 버팔로에서 발생한 총기 난사 사건을 직접 언급해 유족들의 반발을 사기도 했다. 그는 "총기 규제론자들은 집단 총격 중 하나가 버팔로에서 발생했다는 사실을 어떻게 설명할 것인가"라며 "뉴욕주법은 분명히 그 가해자를 막지 못했다"고 주장했다.

아들이 버팔로 사건에서 부상을 입은 제네타 에버하트는 "정부, 법원, 국회의원, 그들은 우리를 보호하기 위해 여기에 있지만 나는 보호받고 있다고 느끼지 않는다"고 말했다. 총기 난사로 어머니를 잃은 가넬 휘트필드는 같은 날 대법원이 총기 규제를 후퇴시키는 결정을 내리고 상원이 총기 규제 법안을 통과시킨 데 대해 나라가 "한 걸음 전진하고 두 걸음 후퇴한 것"이라고 비판했다.[90]

총기 난사는 총기 제조사의 주가를 올린다

2017년 10월 네바다주 라스베이거스의 한 콘서트장에서 발생한 총기 난사 사건은 21세기 들어 미국에서 가장 많은 인명 피해를 기록한 총격 사건이다. 60대의 백인 남성이 고층 호텔에서 방 2개를 오가며 무차별 총격을 가해 범인 포함 61명이 사망했고 500여 명이 부상을 당했다. 미국 연방수사국[FBI]은 총격을 가한 사람을 제외한 4명 이상 사상자가 발생하는 총격 사건을 총기 난사[Mass shooting]로 규정한다. 2017년 358건의 총기 난사 사건이 발생했는데, 2021년엔 692건으로 2배 가까이 늘었다. 2022년 6월 중순까지 252건이 발생했다.

총기 난사 사건은 총기 제조회사에 어떤 영향을 미칠까? 놀랍게도 총기 판매량이 증가하고 주가가 상승하는 등 총기 제조 업체 입장에서는 좋은 일만 일어났다.[91]

텍사스주 롭 초등학교 총기 난사 사건이 발생한 1주일 뒤 총기 제조사 스텀 루거의 주가는 발생 이전에 비해 7.8% 올랐다. 스미스앤웨슨의 주가는 사건 발생 다음 날 10% 가까이 올랐다. 이는 총격 사건으로 불안감을 느낀

90 Troy Closson, "'It's ridiculous': Relatives of Buffalo massacre victims express anger at the decision", 《The New York Times》, 2022.06.23.

91 Belinda Luscombe, "How Gunmakers May Benefit From Mass Shootings", 《Time》, 2020.06.15.

사람들이 총기를 더 구매할 것이란 기대심리에 따른 것이라고 전문가들은 설명한다.

그러나 충격적인 총기 참사 이후 총기 제조사의 주가가 오르는 것은 최근 일어난 현상이다. 조지메이슨대학교 브래드 그린우드 부교수가 오바마 정권 때인 2009년부터 2013년 사이 93건의 총기 난사 사건을 조사한 결과, 사건 이후 오히려 총기 제조사의 주가가 하락하는 현상을 보였다. 이는 총기 참사를 계기로 오바마 행정부가 총기 규제를 강화해 회사의 이익이 감소할 것이란 시장의 판단이 작용했기 때문이다.

하지만 지난 몇 년 간 오히려 정반대의 현상이 발생했고, 이는 정부나 의회가 총기 판매가 줄어들 정도로 의미 있는 규제를 하지 못할 것이란 판단이 깔린 현상이다. 그린우드 교수는 이보다 더 절망적인 분석을 제시했다. 그는 총기 난사 사건이 미국에서 더 이상 특이한 사건이 아니기 때문에 총기 난사와 주가 사이의 인과관계 여부를 통계적으로 판단하는 것은 불가능해졌다고 말한다.

극우는 왜 여성의 몸을 통제하려 하나

나는 필라델피아에 거주하는 22세인 에밀리를 2020년 1월 워싱턴 D.C. 여성행진 집회에서 만났다. 그와 친구들은 행사가 진행되는 프리덤 프라자 끄트머리에서 '맞불 집회'를 벌이는 임신중단 반대론자들과 설전을 벌이고 있었다. 임신중단 반대를 주장하는 피켓과 사진을 든 '프로라이프pro-life'들은 진보세력이 주도하는 거의 모든 집회에 불청객처럼 등장했다.

에이미는 내게 트럼프 취임 후 한 번도 빠지지 않고 여성행진에 참가했다면서 "트럼프 정부에서 연이어 보수적인 대법관이 임명되면서 여성들의 선택권이 위협을 받고 있다"고 분노했다. 여성행진 참가자들 중 특히 10~20대 젊은 여성들의 다수가 임신중단권을 보장하라는 내용의 피켓을 들었다. 미안하게도 당시만 해도 그들의 절박성을 깊이 공감하지는 못했다. 시간이 지나면서 '설마' 했던 일들이 하나씩, 마치 거대한 음모처럼 '퍼즐 맞추기'가 진행되면서 비로소 이들의 절박성을 깨닫게 됐다.

1) 보수 우위 연방대법원,
50년 만에 여성의 선택권을 빼앗다

2022년 6월 27일 인디애나주 산부인과 의사인 케이디 버나드는 오하이오주의 동료 의사로부터 전화를 받았다. 성폭력으로 임신한 10세 아동의 임신중절수술을 도와 달라는 요청이었다.

이 소녀는 오하이오주에서 수술을 준비하던 중 사흘 전 청천벽력 같은 소식을 들었다. 연방대법원에서 임신중단을 헌법상 권리로 보장하던 '로 대 웨이드Roe vs. Wade' 판결을 50년 만에 뒤집었다. 이 판결과 동시에 오하이오주에서는 임신 6주 이후 임신중단을 금지하는 법이 시행됐다. 이 소녀는 임신 6주 3일이었다. 오하이오주는 텍사스주, 플로리다주, 미주리주, 켄터키주 등과 함께 '로 대 웨이드' 판결이 폐기되면 자동으로 임신중단 금지법이 시행되도록 하는 '트리거 법'을 마련해 놓았다. 이 법은 6월 24일부터 시행됐고, 오하이오주에 있던 임신중단 클리닉 2곳이 문을 받았다. 버나드 박사가 일하는 인디애나주는 아직은 임신중단이 합법이라서 성폭력 피해자인 이 소녀는 다행히 수술을 받을 수 있었다.[92]

"그 소녀의 입장에서 생각해 보십시오. 저는 심각합니다. 이제 겨우 열 살입니다." 바이든은 7월 8일 대법원의 판결로 인한 여성들

---

92 Shari Rudavsky and Rachel Fradette, "As Ohio restricts abortions, 10-year-old girl travels to Indiana for procedure",《The Columbus Dispatch》, 2022.07.01.

의 피해를 완화하기 위한 행정명령에 서명하면서 이 아동에 대해 이야기했다. 바이든은 "열 살짜리가 강간범의 아이를 낳도록 강요당해야 했다"며 "이보다 더 극단적인 것을 생각조차 할 수 없다"고 분노했다.

다수 의견을 대표 집필한 새뮤얼 얼리토 연방대법원 대법관은 헌법은 임신중단에 대해 언급하지 않고 있으며, 이런 권리는 헌법 조항에 의해 암묵적으로 보호되지 않는다고 지적했다. 따라서 여성의 임신중단을 합법화한 지난 1973년의 '로 대 웨이드' 판례와 1992년 '미국가족계획협회 대 케이시' 판례를 뒤집어야만 한다고 밝혔다.

보수성향 대법관 5명(새뮤얼 얼리토, 닐 고서치, 브렛 캐비노, 에이미 코니 배럿, 클레런스 토마스)은 '로 대 웨이드' 판례 철회에 찬성했고, 진보성향 대법관 3명(스티븐 브라이어, 소니아 소토마요르, 엘레나 케이건)은 반대했다. 보수성향인 존 로버트 대법원장은 로 대 웨이드 판례 철회에 대한 입장을 표명하지 않았고, 임신 15주 이후 임신중단을 금지하는 미시시피주 법안이 합헌이라는 부분만 언급했다. 사실상 임신중단권 보장을 반대하는 보수성향 대법관들의 손을 들어 준 셈이다.

'로 대 웨이드' 판례 뒤집기는 트럼프의 대선 공약이기도 했다. 트럼프는 재임 기간 동안 3명의 대법관을 임명해 결국 이날 '로 대 웨이드' 판례 뒤집기에 성공했다. 트럼프는 이날 폭스뉴스에 출연해 "헌법에 따른 것"이라며 기뻐했다.

임신중단권을 옹호하는 구트마허 연구소에 따르면, 대법원 판결

이후 7개 주(텍사스, 오클라호마, 앨라배마, 미시시피, 아칸소, 사우스다코타, 미주리)에서 임신중단이 사실상 금지됐다. 3개 주(오하이오, 테네시, 사우스캐롤라이나)는 상당한 제한이 존재하며, 15개 주(아이다호, 유타, 애리조나, 노스다코타, 네브래스카, 캔자스, 아이오와, 위스콘신, 인디애나, 켄터키, 웨스트버지니아, 루이지애나, 조지아, 플로리다, 펜실베이니아)는 제한이 존재한다. 13개 주(몬태나, 와이오밍, 네바다, 미네소타, 미시간, 버지니아, 노스캐롤라이나, 델라웨어, 뉴햄프셔, 코네티컷, 매사추세츠, 로드아일랜드, 하와이)도 약간의 제한이 가해졌다. 여성의 선택권이 별다른 제약 없이 보장되는 지역은 12개 주(워싱턴, 오레곤, 캘리포니아, 콜로라도, 뉴멕시코, 일리노이, 뉴저지, 뉴욕, 메릴랜드, 메인, 버몬트, 알래스카)에 불과했다.[93]

개별 주가 통과시킨 법안들의 수준도 과도하다. 텍사스주에서는 지난해 9월 일반적으로 여성이 임신 사실을 감지하기 어려운 임신 6주부터 임신중단을 금지하는 법안이 시행됐다. 근친상간이나 강간 피해자도 예외를 두고 있지 않다. 오하이오주에서도 대법원 판결 직후 임신 6주 이후 임신중단을 금지하는 법안이 시행됐다. 오클라호마주에서는 임신 여성의 목숨이 위험한 경우를 제외한 임신중단을 중범죄로 규정하고 최대 징역 10년에 처할 수 있다.

---

93 https://states.guttmacher.org/policies

'로 대 웨이드' 판결이란

미국 여성운동의 대모 격인 글로리아 스타이넘은 과거 임신중단이 금지됐던 시절의 상황에 대해 넷플릭스 다큐멘터리 <제인 로 케이스 뒤집기**Reversing Roe, 2018**>에서 이렇게 회고했다.

"미국에서 1950~1960년대 원하지 않는 임신을 하면 선택권이 별로 없었어요. 중절수술을 해줄 주치의가 있거나 외국으로 나갈 만한 돈이 필요했죠. 푸에리토리코나 멕시코 등 임신중단이 가능한 나라로요."

1965년 언론보도에 따르면, 미국에서 1년에 35만 명의 여성이 불법 임신중단으로 인한 합병증에 시달리고 이 중 5,000명의 여성이 죽었다.

1969년 텍사스주 댈러스에 사는 노마 맥코비는 성폭행으로 임신을 하게 돼 임신중단 수술을 요청했는데, 임신부의 생명이 위독하지 않고 성폭행 사건에 대한 경찰 보고서가 없다는 이유로 수술을 거부당했다. 맥코비는 임신중단죄 폐지 운동을 벌이던 사라 웨딩턴과 린다 커피 변호사를 만나 신변 보호를 위해 제인 로**Jane Roe**라는 가명으로 텍사스주를 상대로 소송을 제기하게 됐다. 웨이드는 당시 댈러스카운티 지방검사 이름(Henry Wade)이었다. 이 소송이 연방대법원까지 올라가서 1973년 로는 승소했다.

1973년 당시 9명의 대법관 모두 남성이었고, 이 중 4명이 닉슨이 임명한 보수성향의 대법관이었다. 그러나 우려와 달리 임신중단을 처벌하는 법률이 미 수정헌법 14조의 '적법 절차 조항에 의한 사생활의 헌법적 권리'에 대한 침해로 위헌이라는 결정이 내려졌다. 다만 태아가 자궁 밖에서도 생존할 수 있는 출산 직전 3개월 간은 임신중단이 금지될 수 있다고 판결했다. 7

명의 대법관이 찬성 의견을 냈다. 이 판결로 인해 임신중단은 개인의 문제이며, 선택권은 국가나 종교가 아니라 여성에게 있다는 사실을 법적으로 인정받았다.

2) 레이건, 부시, 트럼프, 모두 임신중단 찬성론자였다

"나는 적극적인 임신중단 찬성론자입니다. 여성의 선택권을 지지하죠."

놀랍게도 이는 트럼프가 1999년 미 NBC 방송과 인터뷰에서 한 말이다. 2016년 공화당 대선 경선 과정에서 테드 크루즈 등 경쟁자들이 이 발언을 공격하기도 했다. 그러나 궁지에 몰리자 트럼프는 경선 과정에서 임신중단 여성에 대한 처벌까지 주장하는 가장 강력한 임신중단 반대론자로 변신한다.[94]

트럼프는 2016년 대선 TV 토론에서는 여성의 선택권을 강조하는 힐러리 클린턴에 맞서 임신중단 반대 입장을 밝히면서 대통령이 되면 연방대법원에 임신중단을 반대하는 판사를 임명할 것이라

---

[94] 김기봉, "'인신공격'에 '개소리'까지…미 대선후보 설전 점입가경", 《YTN》, 2016.02.17.

고 약속했다.[95] 그는 특히 라스베거스에서 열린 마지막 TV 토론에서 "임신 마지막 달에 아기를 자궁에서 끌어내 죽일 수 있다"며 "부분 출산 임신중단에 대한 반대"를 선언했다. "부분 출산 임신중단Partial-birth abortion"라는 말은 의학적으로 존재하지 않는 용어다. 대중들을 상대로 임신중단의 잔혹성을 과장하기 위해 복음주의 기독교 중심의 임신중단 반대 운동가들이 만들어 낸 말이다. 트럼프의 이 발언은 복음주의자들에 대한 일종의 충성 맹세였다. 복음주의 세력을 등에 업고서야 트럼프는 겨우 대선에서 승리할 수 있었고, 그는 약속대로 3명의 보수성향 대법관을 임명했다.

임신중단 찬성론자에서 임신중단 반대론자로 돌아선 공화당 출신 대통령은 트럼프만이 아니다. 로널드 레이건, 조지 H.W. 부시도 복음주의 세력의 표를 얻기 위해 입장을 바꿨다. 애당초 공화당의 정치적 전통은 남에게 피해를 주지 않는 선에서 개인의 자유권을 존중하자는 입장이었다. 1973년 '로 대 웨이드' 판결로 임신중단이 허용되기 전까지 여성의 선택권을 옹호하던 정당은 오히려 공화당이었다.

1968년 캘리포니아주 주지사였던 레이건은 주의회에서 통과시킨 임신중단 자유법안California Therapeutic Abortion Act에 사인을 했다. 1969년 공화당 출신인 오레곤주 주지사도 임신중단을 허용하는 법안을

---

95 김성수, "클린턴 vs 트럼프 '마지막 격돌', 《뉴시스》, 2016.10.20.

아노크라시

승인했다. 뉴욕주도 1970년 부모의 동의가 있으면 임신 2기(27주)까지 임신중단을 허용하는 법안을 통과시켰다. 당시 뉴욕주 주지사이자 포드 행정부에서 부통령을 지냈던 넬슨 록펠러도 프로초이스였다. 1972년 한 여론 조사에서 공화당 지지자의 68%가 임신중단은 여성과 담당의사가 알아서 결정할 일이지 정부가 통제할 사안이 아니라고 답했다.

그런데 현재 공화당은 임신중단을 반대하는 정당이다. 이런 극적인 변화는 어떻게 일어났을까? 퓰리처상을 수상한 저널리스트인 린다 그린하우스는 1980년대 보수주의 기독교운동과 공화당의 정치적 결합을 통해 가능해졌다고 설명한다.[96] 제리 폴웰 등 정치성향이 강한 복음주의 목사들이 그때까지 정치에 무관심했던 신자들을 조직하는 가장 좋은 수단으로 '임신중단'을 발견했으며, 자신들이 원하는 보수적인 안건을 정치적으로 실현시켜 줄 정치인으로 당시 공화당 대선후보인 레이건을 선택했다. 1968년 미국에서 가장 진보적이었던 임신중단 자유법안에 직접 서명을 했던 레이건은 1980년대 대선후보가 되자 "임신중단은 살인"이라고 말을 바꿨다.

조지 H.W. 부시 전 대통령도 1970년대 국회의원 시절엔 '가족계획'에 적극적으로 찬성해서 동료 의원들 사이에서 '미스터 콘돔'이라고 불릴 정도였지만, 1988년 대통령이 된 뒤엔 레이건보다 더

---

96 Linda Greenhouse & Reva Siegel, 《Before Roe v. Wade: Voices that Shaped the Abortion Debate Before the Supreme Court's Ruling》, Kaplan, 2011.

강경한 임신중단 반대론자가 됐다. 그는 공개적으로 "로 대 웨이드 판결을 뒤집으려고 노력해야 한다"고 밝혔다. 그의 아들인 조지 W. 부시도 집권 후 2003년 복음주의자들의 숙원 중 하나였던 '부분 출산 임신중단 금지법'에 서명했다.

이런 역사적 배경 때문에 2022년 연방대법원의 '로 대 웨이드 판결 뒤집기'는 보수 우파들의 50년에 걸친 운동의 성과라고 전문가들은 지적한다. 미국 가톨릭 주교회의가 설립한 국가생명권위원회NRLC, National Right to Life Committee에서 시작한 '임신중단 합법화 금지 운동'은 1980년대 들어 전국적인 대중운동으로 발전했고 여기에 기독교 우파가 결합하면서 막강한 정치적 영향력을 갖게 됐다. 풀뿌리 유권자운동을 오랫동안 벌여 온 미주한인유권자연대 김동석 대표는 "국가생명권위원회는 워싱턴 내 정책 영향력 5위 안에 드는 단체"라면서 이들이 현재 미국 정치에 어떻게 영향을 미치는지 설명했다.

"정치운동으로 전략을 바꿔 공화당 지지 선거운동에 매진하게 된 이들은 2007년부터 사법부의 보수화를 정치 목표로 내건 상원 공화당 원내대표인 미치 매코널의 캠페인과 결합했다. 그리고 트럼프는 2016년 대선 이래로 기독교 우파를 자신의 핵심 지지세력 중 하나로 끌어들여 오늘에 이르게 됐다. 이들은 트럼프가 대통령으로 리더십을 갖췄는지에 대해 아무 관심이 없다. 오직 자신들이 발굴해 놓은 보수적 법률가들을 지방과 연방법원 판사로 임명하는 일에만 열중했다. 트럼프 집권 기간 동안 연방대법관 3명을 비롯해 연방 항소법원, 연방 지방법원에 판사 300여 명을 임명했다. 이번 판결은 대통령 한 사람이 미국 내 최고법원에 미칠 수 있는 영향을 극명하게 보여 주고 있다.”[97]

국민 60%가 대법원 판결 거부…민심과 유리된 대법원

대법원의 판결은 헌법상 인정받았던 여성의 권리가 50년 만에 공식 폐기됐다는 점에서 큰 충격을 안겼다. 여성의 사회, 경제적 역할과 권한이 증대되는 시대적 흐름에 역행할 뿐 아니라 미 국민들의 여론과도 유리된 결정이다. 대법 판결 직후에 나온 미국 CBS 방송의 조사에서는 응답자의 59%가 ‘대법원 판결을 지지하지 않는다’고 답했다.[98]

50년 만의 ‘로 대 웨이드’ 판결 뒤집기는 대법관의 성향이 보수 절대 우위로 재편된 것이 결정적인 영향을 미쳤다고 볼 수밖에 없다. 실제 진보 대법관 3명은 반대 의견에서 “법원이 흐름을 뒤집은 것은 이 법원 구성의 변화 그 하나의 이유 때문이고, 오직 그 이유 때문이다”라고 비판했다.

이번 판결은 다른 서구 국가 정상들이 공개적으로 충격을 표현할 정도로 국제적 파장도 크다. 쥐스탱 트뤼도 캐나다 총리는 “끔찍하다”며 “나는 미국 여성들이 느끼는 공포와 분노를 상상조차 할 수 없다”고 트위터에 썼다. “너무 큰 퇴보”(보리스 존슨 영국 총리), “임신중단은 여성의 기본권”(에마뉘엘 마

---

97 김동석 대표와 인터뷰는 2022년 7월 진행했다.

98 Jennifer De Pinto, “CBS News poll: Americans react to overturning of Roe v. Wade — most disapprove, call it step backward”, CBS, 2022.06.26.

크롱 프랑스 대통령), "엄청 속상한 일"(저신다 아던 뉴질랜드 총리)이라는 반응도 나왔다. 테워드로스 아드하놈 거브러여수스 WHO 사무총장은 "우려스럽고 실망스럽다"고 했고, 안토니오 구테흐스 유엔 사무총장의 대변인은 "세계적으로 임신중지의 45%가 안전하지 않은 방식으로 이뤄진다"며 우려를 밝혔다.

3) 여성의 건강권, 학습권 등 침해…여성은 이등 시민?

"나는 꿈과 희망, 야망이 있습니다. 여기 있는 모든 소녀들도 그렇습니다. 우리는 자신의 미래를 위해 지금껏 노력해 왔는데, 우리에게 통보를 받거나 동의를 구하는 과정도 없이, 우리는 스스로의 미래에 대한 통제권을 빼앗겼습니다. 만약 내가 피임에 실패한다면, 강간을 당한다면, 더 이상 희망, 노력, 꿈이 나와 무관한 것이 될까봐 두렵습니다. 나는 여러분들이 자신의 몸에 대한 자율성을 빼앗기는 것이 얼마나 가슴 아픈 일이고, 얼마나 비인간적인 일인지 느껴보셨으면 합니다. (중략) 내 몸에서 전쟁이 일어나고 있고, 내 권리에 대한 전쟁이 일어나고 있는데, 이 자리가 내 안일과 평화를 도모하기 위한 것이 되기를 거부합니다. 이 전쟁은 우리 자매들의 권리, 우리 어머니들의 권리, 우리 딸들의 권리에 대한 전쟁이며 우리는 침묵할 수 없습니다."

텍사스주 레이크 하이랜드 고등학교 졸업생 팩스턴 스미스가

아노크라시

2021년 졸업생 대표로 한 연설이다.[99] 미국에서 가장 보수적인 주인 텍사스주는 대법원 판결이 나기 1년 전부터 임신 6주 이후 임신중단을 금지하는 법, 이른바 '태아심장박동법'을 통과시켰다.

그의 연설을 담은 영상은 소셜 미디어에서 크게 화제가 됐고, 힐러리 클린턴이 공유할 정도로 많은 여성들의 공감을 자아냈다. 문제는 연방대법원 판결로 텍사스의 상황이 공화당이 집권하고 있는 전 지역으로 퍼져 나갔다는 사실이다.

콜로라도주립대학교 연구진에 따르면, 임신중단이 어려워질 경우 임신부의 사망률이 24% 증가할 것으로 추정된다. 임신중단 금지가 미치는 영향은 흑인 여성에게 가장 커서 흑인 임신부의 사망률은 39%까지 치솟을 것으로 전망했다. 지역적으로는 임신중단율이 높았던 플로리다주, 조지아주 등은 임신부 사망률이 29% 증가할 것으로 추정됐다.[100]

구트마허 연구소는 대법원 판결로 여성들이 임신중단 시술이 허용된 주를 찾아 최장 867킬로미터까지 이동해야 한다고 예상했다. 특히 저임금 여성들이 직격탄을 맞을 것으로 보인다. 복지 혜택이 적은 저임금 노동자는 고용주로부터 임신중단을 위한 이동 비용과 현지에서의 경비 등 재정적 지원을 받지 못할 가능성이 크기 때문이다.

---

99 "Paxton Smith Speech at Lake Highlands Graduation", Youtube, 2022.06.02.

100 Amanda Jean StevensonLeslie RootJane Menken, "The maternal mortality consequences of losing abortion access", SocArXiv, 2022.06.30.

대법원 판결로 여성들의 학습권이 심각하게 침해당하는 현실도 드러났다. 미국의 일부 여자 고교생들이 임신중단권이 보호되지 않는 주에 위치한 대학에 진학하는 것을 심각하게 고민하게 됐다. 특히 원하지 않는 출산이 여성의 삶에 어떤 영향을 미치는지 삶의 경험을 통해 잘 알고 있는 엄마들이 딸들에게 직접 조언하고 있는 현실은 대법원의 결정이 얼마나 퇴행적인 것인지 보여 준다.

한국과 마찬가지로 미국 대학도 서열화돼 있기 때문에 임신중단권 폐지 때문에 해당 대학 진학을 포기하는 것은 여성들에게 기회비용의 상실을 의미한다. 이런 기회 상실의 문제는 대학 진학을 앞둔 여고생들뿐 아니라 대학원 진학이나 대학 졸업 후 취업 시에도 발생할 수 있다.[101] 여성들은 직업 선택의 자유마저 침해당하게 된다.

미국의 비기독교인들에게는 임신중단 금지가 종교의 자유를 침해하는 것으로 받아들여진다. 플로리다주의 유대교 신자들은 임신 15주 이후 임신중단을 제한하는 주법에 맞서 소송을 제기했다. 랍비 배리 실버는 "유대교 율법에 따르면 생명은 수정이 아니라 출생부터 시작된다"며 "유대인 여성은 임신중단을 할 권리가 있다. 임신중단 금지 주법은 유대인 여성이 율법을 지키지 못하게 한다"고 소 제기 이유를 밝혔다. 미국 시민단체 무슬림옹호자들의 수메이야 와히드 수석정책고문은 알자지라에 대법원의 판결은 "기본적으로 그들

---

101 Sharon Bernstein and Rose Horowitch, "Abortion bans force U.S. students to rethink college plans", Reuters, 2022.07.11.

의 종교적 입장을 법적으로 확립한 것"이라며 "이는 소수 종교인을 비롯해 그들처럼 생각하지 않는 사람들에 대한 침해"라고 말했다.[102]

연방대법원 개혁, 성공할 수 있을까?

연방대법원이 주도하는 '우파 반란'을 경험함에 따라 민주당, 특히 진보진영 내에서는 대법원 개혁 목소리가 더 커졌다. 특히 트럼프가 임명한 3명의 대법관은 50대 초중반의 나이에 불과해 종신제인 대법관직을 향후 20~30년 간은 무리 없이 수행할 것으로 보인다.

9명의 대법관 중 최고참이자 가장 보수적이라고 평가받는 클래런스 토마스 대법관은 임신중단권 폐지가 끝이 아니라고 예고했다. 그는 임신중단 반대 판결문에 대한 의견을 내면서 2015년 동성결혼을 합법화한 대법원 판결도 뒤집겠다는 의지를 밝혔다.

토마스 대법관은 1991년 은퇴를 한 최초의 흑인 대법관 서굿 마셜의 후임으로 아버지 부시 대통령에 의해 임명됐다. 그는 상원 인준 청문회에서 부하 여직원 성희롱 의혹이 제기돼 자격 논란이 일었다. 당시 상원 법사위원장이었던 바이든이 인준 청문회를 주관했는데, 찬성 52대 반대 48로 겨우 통과가 됐다. 그는 인준 청문회 과정에서 모욕을 당했다고 기자들에게 "나는 2034년까지 대법관직에 있을 것이다. 자유주의자들이 나를 비참하게 만들었으니 나도 그들의 삶을 비참하게 만들 것"이라고 말했다. 공화당 의원 보좌관 출신인 부인 지니 토마스는 2020년 트럼프 캠프의 선거 결과 조작에

---

102 Jillian Kestler-D'Amours, "Religious freedom: The next battleground for US abortion rights?", AlJazeera, 2022.06.17.

개입했다는 의혹을 사고 있기도 하다.

대법원 개혁은 트럼프가 3명의 대법관 임명을 강행하면서 대선 이전부터 민주당 진보진영에서 강력하게 요구해 왔다. 바이든은 2021년 4월 연방대법원 개혁 방안을 연구하는 위원회를 대통령령으로 설치했다. 이 위원회는 연방대법원의 역할, 대법관 종신제 폐지 등을 검토한다. 민주당은 상원과 하원에 대법관 수를 9명에서 13명으로 늘리는 법안을 발의해 놓았다. 김동석 대표는 "연방대법원의 대법관 정원은 헌법에 명시된 것이 아니고 의회에서 법으로 인원을 늘릴 수 있지만 입법이 쉽지 않다. 민주당 내 상원의원 3명이 공개적으로 반대 의사를 표명했다"고 설명했다.

입법을 통해 대법관 정원을 늘리는 것은 1937년 프랭클린 루스벨트 대통령도 추진했으나 실패했다. 루스벨트는 뉴딜법안의 상당 부분이 연방대법원에서 기각되자 대법관 정원을 최다 6명 늘리는 법안 제정을 추진했다. 대법관이 만 70세 6개월이 지나도 은퇴하지 않으면 추가로 대법관을 지명하는 제도다. 하지만 여론의 거센 비판을 받으면서 흐지부지됐다.

경희대 안병진 교수는 "루스벨트는 '코트 패킹(대법관 증원 법안)'을 시도하다가 실패했지만 결과적으론 성공했다. 대법관 증원에는 실패했지만 그 이후 대법원은 진보적 여론에 반응하는 방식으로 루스벨트의 규제 개혁에 순응했다"며 "과연 바이든이 '제2의 루스벨트'가 될 수 있을까"라고 의문을 던졌다.[103] 온건 보수성향의 바이든이 진영 대결이 일상화된 현 정치 구도에서 이를 극복하고 대법관 증원 개혁을 달성할 가능성은 높지 않아 보인다. 또 11월 중간 선거로 상하원 중 어느 하나라도 공화당이 다수당을 차지하게 된다면 법안 통과는 불가능해진다.

---

103 안병진 교수와 인터뷰는 2022년 7월 진행했다.

문화전쟁의 격전지가 된 학교

내가 살던 버지니아주 페어팩스 카운티는 민주당이 우세한 지역이었다. 2020년 대선 결과 버지니아에서 바이든의 득표율은 54%로 트럼프(44%)를 크게 앞섰다. 대선을 앞두고 집집마다 걸어 놓은 현수막을 봐도 바이든과 민주당 지지 내용이 대부분이었다. 이웃 중에 트럼프 지지 현수막을 내건 집은 딱 한 곳이었다.

　그로부터 1년 뒤 버지니아주 주지사 선거 때는 사뭇 달라진 기운이 감지됐다. 여전히 민주당 지지 현수막이 다수였지만, 공화당 글렌 영킨 후보를 지지하는 피켓과 현수막이 심심치 않게 보였다. 결국 그해 11월 2일 치러진 선거에서 민주당은 주지사뿐 아니라 주의회 다수당 자리도 내줬다. 이런 선거 결과는 유권자들의 정권 심판 정서가 작동했다는 설명만으로는 부족하다. 정치와 가장 멀어 보이는 교육위원 선거를 살펴보면 왜 이런 일이 벌어졌는지 이해할 수 있는 단서를 찾을 수 있었다.

1) 교육위원 선거는 왜 치열한 각축장이 됐나

2021년 11월 치러진 오하이오주 교육위원회^{School Board} 선거는 이제껏 보지 못한 치열한 경쟁 속에 치러졌다. 오하이오주 교육위원회 협의회에 따르면, 4년 전과 비교해 선거에 참여한 후보들의 숫자가 50% 넘게 증가했다. 교육위원은 전직 교육자나 학부모들이 정당과 무관하게 출마해 투표를 통해 당락을 가르는 자리다. 교육 예산, 교육감 고용 등 교육 관련 일들을 논의하는 역할로 지역에서 봉사하는 자리로 여겨졌다. 그러다 보니 유권자들의 관심이나 선거 후원금 등과는 거리가 먼 자리였다.

그런데 교육위원 선거가 갑자기 새로운 격전지가 됐다. 2021년 6월 버지니아주 라우던 카운티의 교육위원회 공청회에는 주민 200여 명이 몰려와 방청을 하다가 서로 다른 입장의 학부모들 사이에 몸싸움이 발생해 2명이 체포되는 일이 발생하기도 했다. 이어 버지니아주 라우던 카운티와 페어팩스 카운티에서는 일부 학부모들이 보수성향 시민단체와 함께 민주당성향의 교육위원들에게 불만을 품고 주민소환 투표 청원운동을 벌이기도 했다. 이런 흐름은 2021년 11월 버지니아주 주지사 선거에까지 이어졌다. 학교 교육에 불만을 제기하며 응집된 일부 학부모들은 글렌 영킨 공화당 후보의 당선에 주요한 역할을 했다. 왜 이런 일이 발생하게 된 것일까?

교육위원회에서 결정하는 이슈 중 일부 학부모들을 분노하게 만든 이슈는 크게 두 가지다. 교내 마스크 착용 의무화와 '비판적 인종이론(Critical Race Theory, 이하 CRT)' 교육이다. 서로 별개의 이슈로 보이지만 정치적으로는 연결돼 있다. 두 가지 모두 트럼프 지지 세력이 집중하는 이슈다. 마스크 착용과 백신 접종 반대는 열성 트럼프 지지자들만 공감하는 이슈인 반면 CRT 반대는 보수와 일부 중도성향 학부모들도 찬성하고 있다.

'경합주(Swing state, 민주당과 공화당 지지 성향이 혼재하는 지역)'로 분류되는 버지니아 선거 결과가 이를 잘 보여 준다. 영킨은 교육 이슈에 집중하면서 교외 지역Suburb 백인 중산층 유권자들을 자극했다. NBC 출구 조사에 따르면, 버지니아주 주지사 선거에서 영킨은 백인 여성 유권자들을 상대로 트럼프보다 15%포인트 더 많이 득표했다.[104]

CRT가 뭐길래······

CRT는 1970~1980년대에 하버드 로스쿨 데릭 벨 교수와 동료 법학자들이 개발한 이론이다. 이는 인종주의가 미국 법과 제도들에 내재되어 백인들의 지배력을 유지한다는 입장으로, 인종차별이 특정 개인의 일탈이 아니라 유색인종에게 불평등하게 제도화된 체계라는 주장을 담고 있다.

이 용어를 처음 쓴 전 컬럼비아대 로스쿨 킴벌레 크렌쇼 교수는 "비판

---

[104] "Republican Youngkin wins Virginia governor's race in blow to Democrats, NBC News projects", NBC, 2021.11.02.

적 인종 이론은 인종이 만들어지고, 인종 불평등이 촉진되는 방식, 이런 불평등이 만들어진 미국 역사에 대해 관심을 갖고, 설명하고, 추적하고, 분석하려 하는 이론"이라면서 "우리가 인종적 불평등에 대해 관심을 기울이지 않으면 불평등이 재생산될 것"이라고 말했다.[105]

전미 교육위원회 협의회National School Board Association는 CRT를 미국 유치원부터 초·중·고등학교 과정까지K-12 가르치지 않는다고 밝혔다. 위에서 설명한 것처럼 CRT는 로스쿨 등 대학원 과정에서나 논의가 가능한 개념이다.

그럼에도 불구하고 공화당 정치인들과 일부 백인 학부모들은 학교에서 CRT를 가르치고 있다고 주장한다. 이들은 CRT가 흑인 아이들에게 피해의식을 내면화하고 백인 아이들에게 죄의식을 심어 준다고 말한다. 이들은 미국에 존재하는 인종적 불평등과 관련된 교육 전반을 CRT라고 인식하고 있다.

케네소주립대학교 안소현 교수는 "CRT 교육에 대한 반대 여론은 극우 세력이 만들어 낸 정치 기획"이라고 평가했다.[106] 극우성향의 프리랜서 언론인이자 활동가인 크리스 루포가 처음 문제를 제기했다. 루포는 업무 관련 교육에서 인종 문제와 관련된 내용에 불만을 가진 보수성향의 연방 공무원의 제보를 계기로 CRT에 관심을 갖게 됐고, 이에 대한 글을 보수성향인 맨해튼 연구소에 기고했다. 그러다가 그의 주장이 트럼프 진영의 여론 형성에 절대적 영향력을 갖

---

105 David Smith, "How did Republicans turn critical race theory into a wining electoral issue?", 《The Guardian》, 2021.11.03.
106 안소현 교수와 인터뷰는 2021년 11월 진행했다.

아노크라시

고 있는 폭스뉴스의 터커 칼슨 앵커의 눈에 들어왔다. 칼슨은 루포를 2020년 9월 2일 자신의 방송에 출연시켰다. 폭스뉴스와 인터뷰에서 루포는 "CRT가 연방 정부에 광범위하게 퍼져 있다"고 고발했고, 칼슨은 "이는 미국에 대한 실존적 위협이다. 대통령과 백악관은 연방 정부에서 CRT 교육을 폐지하라는 행정명령을 즉각 내려야 한다"고 동조했다. 루포는 바로 다음 날 마크 매도스 당시 백악관 비서실장으로부터 전화를 받았다.[107] 트럼프는 그해 9월 백악관 회의에서 "애국 교육Patriotic education"을 촉진하기 위한 '1776 위원회(미국 건국 연도인 1776년을 강조)'를 결성하겠다고 밝혔고, 루포는 '1776 위원회' 위원으로 위촉됐다.

안소현 교수는 'CRT 교육 반대' 주장이 일부 백인 학부모들에게 공감을 얻게 된 이유에 대해 인종적 다수로서 백인 집단의 지위에 대한 '불안감'이 작용했다고 설명했다. 트럼프까지 재선에 실패하자 존재의 위협을 느끼게 된 백인 보수 세력에서 CRT를 화두로 삼고 집중적으로 여론화시켰다는 것이다.

보스턴대학교 필립 콥런드 교수는 CRT 교육 반대 운동에 대해 "백인 학부모들이 표출하고 있는 분노는 정치적, 궁극적으로 경제적 이익을 위해 백인들의 반응을 조종하는 일부 정치 엘리트들에 의해

---

107 Benjamin Wallace-Wells, "How a Conservative Activist Invented the Conflict Over Critical Race Theory", 《The New Yorker》, 2021.06.18.

만들어지고 있다"고 지적했다.[108]

2) 'CRT 교육 금지법' 자체가 CRT가 맞다는 것을 보여 준다

2022년 7월까지 미국 50개 주 중 23개 주에서 CRT 교육을 금지하거나 제재를 가하는 법이 통과됐다.[109]

안소현 교수는 "CRT 교육을 금지하는 법안 자체가 CRT가 맞다는 것을 보여 준다"고 지적했다. 주의 행정 권력과 입법 권력을 장악한 백인들이 원하는 대로 법안을 만들 수 있다는 것 자체가 미국에서 인종차별이 여전히 건재하며 일부 개인의 일탈적 행위가 아니라 법으로 허용된 사회구조적 문제라는 것을 보여 준다는 설명이다.

공화당 주(레드 스테이트)와 경합주(퍼플 스테이트)에서 빠르게 확산된 'CRT 반대' 흐름은 교육 현장에 실제 영향을 미치고 있다. 각 주마다 조금씩 차이가 있지만, CRT 교육을 금지하는 법안들은 교사가 미국 역사뿐 아니라 현재의 사회 문제에 대한 수업을 할 때 어느 한 쪽의 입장이나 시각만을 가르쳐서는 안 되며, 개별 학생이 자신의 인종이나 성별에 기인해 불편함, 죄책감, 분노 등 심리적 고통을 느끼게 해선 안 된다고 규정하고 있다. 오클라호마주의 경우 관련 행정

---

108 필립 콜런드 보스턴대 교수와 인터뷰는 2021년 11월 진행했다.
109 States That Have Banned Critical Race Theory 2022(https://worldpopulationreview.com/state-rankings/states-that-have-banned-critical-race-theory)

지침을 통과시켜 교사들은 금지된 개념들 중 하나라도 가르칠 경우 교사 면허가 정지되고, 해당 학교도 제재를 받을 수 있다. 학부모들과 시민들은 법을 위반하고 있다고 생각되는 교사들을 고발할 권한을 가진다. 일부 학군에서는 "다양성Diversity", "백인 특권White privilege" 등의 용어 사용 자체를 금지시켰다.

남북전쟁 이후 흑인들에게 사적 테러를 가했던 백인우월주의 집단인 'KKK(쿠 클럭스 클랜)'나 제2차 세계대전 당시 독일 나치에 의한 유대인 학살인 '홀로코스트' 등과 같은 반인륜 범죄에 대해서도 과연 긍정적인 측면을 가르칠 수 있냐는 의문이 든다.

때문에 오클라호마주에서는 일부 시민단체가 'CRT 교육 금지' 법안이 역사적으로 소외된 학생들의 공정한 교육을 받을 수 있는 기회를 제약하고 교사들의 교육권을 침해한다는 이유로 연방법원에 소송을 세기했다.[110]

3) 노벨 평화상 수상자 자서전, 퓰리처상 수상작도 '금서'

텍사스주에서는 2021년 11월 매트 크라우스 하원의원, 그렉 에벗 주지사 등이 나서서 공립학교 도서관에 배치된 책들을 조사하겠다고 밝혔다. 크라우스 의원은 "학생들이 인종, 성별 때문에 불편함, 자책

---

110 Madeline Holcombe, "ACLU sues Oklahoma over law prohibiting critical race theory topics from being taught in schools", CNN, 2021.10.21.

감, 괴로움 또는 다른 형태의 심리적 고통을 느끼게 할 수 있는 주제"를 포함해 '문제'라고 여겨지는 850권의 책 목록을 교육감에게 보내기도 했다.

학부모들의 압력으로 금서로 지정된 목록을 살펴보면 그 정당성에 동의하기 힘들다. 텍사스주 휴스턴의 한 학군에서는 흑인 소년이 백인들이 다수인 사립중학교에 진학해 적응하는 과정을 다룬 《뉴 키드New Kid》라는 책을 금서 목록에 포함시켰다. 이 책은 그래픽 소설 중 최초로 지난 2018년 뉴베리상을 받아 주목을 받았다. 이 상은 해마다 미국 아동문학 발전에 가장 기여한 책에게 주는 상이다.[111]

미국 펜실베이니아주 요크에서는 2020년 10월 전원 백인인 교육위원회에서 특정 책과 영상 자료에 대한 교육 금지 지침을 내렸다. 이 목록에는 흑인 인권 운동가인 로자 파크스 관련 책, 2014년 노벨 평화상을 받은 파키스탄의 여성 교육 운동가 말랄라 유사프자이의 전기, 아카데미 작품상 후보에 올랐던 영화 <히든 피겨스>의 원작 소설, 어린이 교육 프로그램인 '세서미 스트리트'에서 인종주의를 다룬 내용, 미국의 공영방송인 PBS에서 만든 인종차별 관련 다큐멘터리 등이 포함돼 있다.[112]

테네시주 맥민 카운티 교육위원회는 2022년 1월 아트 슈피겔만

---

111 "Texas schools remove children's books branded 'critical race theory'", Reuters, 2021.10.07.
112 Evan McMorris-Santoro, "Students fight back against a book ban that has a Pennsylvania community divided", CNN, 2021.09.16.

작가의 만화 《쥐》를 교육 과정에서 빼기로 했다. 이 책은 작가의 아버지의 삶을 통해 유대인 수용소의 참상을 그리고 있는 작품으로, 슈피겔만은 1992년 퓰리처상을 받았다. 맥민 카운티 교육위원회는 여성의 나체를 그린 장면이 등장하며 욕설 등이 나온다는 이유로 교육위원 10명 만장일치로 이 책을 금서 목록에 넣었다.

안소현 교수는 학부모들의 '금서운동'이 이전에도 있었다며 보수성향의 백인 부모들과 시민단체의 압력에 의해 제대로 된 검증과 연구 없이 추진하다 보니 엉뚱한 책을 '금서'로 지정하는 해프닝도 벌어진다고 말했다. 텍사스 교육위원회는 지난 2010년 <불곰아, 불곰아 뭐가 보여?Brown Bear, Brown Bear, What Do You See?>라는 그림책 시리즈를 3학년 교과 과정에서 삭제한 일이 있었다. 그 이유는 저자 중 한 명인 빌 마틴 주니어를 《윤리적 마르크스주의: 해방의 단정적 명령 Ethical Marxism: The Categorical Imperative of Liberation》이라는 사회주의 관련 서적을 쓴 빌 마틴으로 착각했기 때문이다.

이처럼 교육위원회를 통해 지정되는 '금서'들은 외설, 폭력 등 비교육적 내용이 문제가 된다기보다 저자가 유색인종이거나 백인우월주위, 인종차별에 대한 비판 등 미국 주류 백인 사회에 대한 비판적 시각을 지닌 경우가 많았다.

안 교수는 정치권에서 실제 교육적 관심과는 별개로 이런 정치적 기획을 밀어붙이고 그로 인해 교사와 학생들이 피해를 보는 악순환이 반복되고 있다고 지적했다.

"이미 흑인, 히스패닉 학생들 중 다수는 학교에서 가르치는 '무지개 미국'이 자신들이 직면하고 있는 '미국'의 현실이 아니라는 것을 잘 알고 있다. 그런데도 백인 학생들의 감정적 불편함을 이유로 유색인종들이 경험하는 현실에 대해 말하지 말라는 것이 얼마나 이기적인 발상인가. 'CRT 교육 반대'는 유색인종 교사와 학생들을 억압, 통제하는 기제로 작동한다."

4) 교육 현장에서 성소수자 차별·배제로 이어지는 문화전쟁

일부 백인 학부모들의 '분노'는 CRT 교육 반대를 넘어서 성소수자에 대한 차별과 배제로 이어지고 있다.

플로리다주에서는 2022년 3월 "동성애자라 말하기 금지Don't Say Gay"법안이 주의회를 통과하고 주지사의 서명을 거쳐 7월부터 시행됐다. 정식 명칭은 '교육에서 부모의 권리법안Parental Rights in Education bill'인 이 법안은 학부모의 권한을 보장한다는 취지를 내세워 플로리다주의 모든 공립학교에 적용되는 이 법안에 성 정체성에 대한 교육을 제한하도록 하고 있다. 구체적으로 유치원에서 초등학교 3학년까지는 성 정체성에 대한 교육이 전면 금지됐고, 4학년 이상의 학생들에 대해서도 부적절하다고 판단되는 내용은 가르칠 수 없다.[113] 플로

---

113 Madeleine Carlisle, "Florida Just Passed the "Don't Say Gay" Bill. Here's What It Means for Kids", Time, 2022.03.08.

리다주 론 디샌티스 주지사는 2024년 대선전에서 트럼프가 검찰 기소 등으로 낙마할 경우, 가장 유력한 공화당 주자이기도 하다.

공화당은 또 트랜스젠더 학생들의 화장실 사용, 스포츠팀 가입 문제 등도 이슈화하고 있다. 공화당이 우세한 20개 주는 연합해서 노동자와 학생들이 자신의 성 정체성에 맞는 공공 화장실을 사용하는 것을 허용하는 바이든 정부의 행정명령이 주법과 충돌한다며 연방 정부를 상대로 소송을 제기했다. 이에 테네시주 연방법원 판사는 2022년 7월 20개 공화당 주들의 손을 들어 주는 판결을 내렸다. 원고들 중 한 명인 오클라호마주 존 오코너 검찰총장은 이 결정이 "여성 스포츠와 학교 화장실과 라커룸에 있는 소녀들의 사생활과 안전을 위한 중대한 승리"라고 주장했다.[114]

'CRT 금지'는 공화당의 새로운 '부기맨'?

2020년 인구센서스 결과, 미국에서 백인 인구는 57.8%로 처음으로 60% 미만으로 떨어졌다. 인구조사국은 2045년께 백인 인구가 미국 전체 인구의 50% 미만으로 떨어질 것으로 추정했다. 백인우월주의를 자극하는 '트럼피즘'은 이런 현실에 대한 백래시[Backlash]다. 이미 '다인종 민주주의 국가'인 미국에서 압도적 다수의 지위를 잃어 가는 것에 대해 불안을 느낀 일부

---

114 "Judge blocks Biden admin directives on transgender athletes, bathrooms", Reuters, 2022.07.18.

백인들이 기존의 특권과 특혜를 유지하려면 '민주주의'라는 틀을 훼손할 수밖에 없다는 사실은 1월 6일 의회 무장 폭동 사건이 여실히 보여 줬다. 이는 2022년 중간 선거만이 아니라 앞으로 미국 정치와 사회를 뒤흔드는 파괴적인 힘으로 작용할 수도 있다.

미주한인유권자연대 장성관 사무차장은 CRT 반대 여론이 지난 대선 전후로 급부상한 이유에 대해 "공화당의 새로운 '부기맨(Bogeyman, 귀신이나 도깨비 등 두려운 존재)'"이라고 설명했다.

1976년 캘리포니아주 주지사 선거에서 도널드 레이건 당시 공화당 후보는 '복지 여왕Welfare queen'을 내세워 큰 재미를 봤고 이를 발판으로 1980년 대선에서도 승리하게 됐다. '복지 여왕'은 수십 개의 가명을 이용해 정부로부터 복지 혜택을 잔뜩 받아 고급 자동차인 캐딜락을 몰고 다닌다는 한 흑인 여성에게 붙여진 별명이었다. 나중에 '복지 여왕'은 실존하지 않는 가공의 인물임이 밝혀졌지만 이는 레이건의 앞길에 아무 장애가 되지 않았다.

1988년 대선 때 조지 H.W. 부시 캠프는 윌리 호튼이라는 흑인 살인범과 관련된 광고를 내보냈다. 살인으로 유죄 판결을 받고 복역 중이었던 호튼은 당시 매사추세츠주에서 시행되고 있던 '죄수 주말 휴가 제도'를 이용해 휴가를 나왔다가 한 백인 커플을 납치한 후 남자를 폭행하고 여자는 강간하는 끔찍한 범죄를 저질렀다. 부시 진영에선 이 사건을 활용해 자신이 당선되면 법과 질서 수호를 최우선 하겠다고 강조했고, 이 광고는 백인 유권자들의 표 결집에 중요한 역할을 했다.

도널드 트럼프 전 대통령의 '국경 장벽'도 동일한 전략이다. 트럼프는 2016년 대선에서 불법 이민자들에 대한 공포를 부추기면서 멕시코와의 국경에 장벽을 세우겠다는 것을 최우선 공약으로 삼았다.

CRT 교육 반대는 특히 트럼프의 과격한 선동 정치에 거부감이 있는 중도성향(중산층, 고학력, 교외지역 거주자)의 유권자들도 끌어모으고 있다는 점에서 공화당에 매우 유용하다. 이는 2021년 버지니아주 주지사 선거에서 확인됐다.

보스턴대학교 필립 콜런드 교수는 "CRT 교육을 금지하려는 노력은 특히 보수적 이데올로기를 반영하는 인종주의를 유지하는 정치 프로젝트의 일환"이라고 설명했다.[115]

"유권자 탄압, 당파적 게리멘더링(선거구 조정), 시위 범죄화, 학자·교육자·언론인·활동가들의 입을 막으려는 노력, 지난 1월 6일 있었던 의사당 테러와 같은 정치적 폭력 등도 이런 프로젝트의 일환이라고 할 수 있다. 이는 민주주의와 자유를 훼손하려는 공동의 노력이며, 궁극적으로 다수의 희생을 통해 소수에게 부를 집중시키는 효과를 갖는다."

골드워터 기관의 로비스트 출신인 찰스 실러는 CRT 반대 등 교육과 관련된 보수우익의 일련의 정치 기획이 결국 "공교육에 대한 불신을 강화하기 위한 것"이라고 말했다. 그는 보수주의자들의 지상 목표는 경찰, 법원 등 극히 일부 예외를 제외한 모든 공공 서비스를 해체해 "미니멀리즘 국가를 만드는 것"이라고 주장했다.[116]

---

115 장성관 사무차장과 인터뷰는 2021년 11월 진행했다.

116 Charles Siler, "The right-wing furore over critical race theory is manufactured, says Charles Siler", 《Economist》, 2022.07.12.

나가며:

분열된 미국의 앞날은?

"아무도 미국의 민주주의가 쇠퇴하고 있거나 전쟁으로 향하고 있다고 생각하고 싶지 않다. 그러나 미국에서 일어난 사건을 우크라이나, 코트디부아르, 베네수엘라에서의 일어났던 사건을 보는 것과 같은 방식으로 분석한다면 내전Civil war 발생 가능성을 따져 보는 체크리스트를 작성하게 된다. 이를 통해 우리는 200년도 넘는 민주주의 역사를 가진 미국이 매우 위험한 상태에 진입했다는 것을 알게 될 것이다. 미국은 민주주의와 독재 국가 중간의 무질서를 의미하는 아노크라시Anocracy 상태다."

UC 샌디에고대학교 바바라 월터 교수는 트럼프 정부를 거치면서 극대화된 정치적 양극화로 인해 미국이 어느 때보다 내전에 가까운 상황이라고 주장한다. 미 중앙정보부CIA 내 정치불안 태스크포스 자문위원이기도 한 그는 시리아, 레바논, 북아일랜드, 스리랑카, 필리핀, 르완다, 앙골라, 니카라과 등에서 일어난 내전에 대해 30년 넘게 연구한 경험으로 이런 진단을 내렸다.[117] 미국은 노예제로 1861년부터 1865년까지 내전인 '남북전쟁'을 벌였다. 미국이 현재 남북전쟁 못지않은 정치적 갈등이 불거진 상황이라는 우려는 월터 교수만 제기하는 것이 아니다.

캐나다 로열로드대학교 캐스케이드 연구소 토마스 호머 딕슨 소장은 2024년 트럼프가 재선에 성공할 경우 극우 세력이 민주주의 시스템을 완전히 망가뜨려 2030년에는 미국이 우파 독재체제하에 들어갈 수도 있다고 우려했다.[118]

학자들만이 아니라 일반 국민들도 미국이 정치, 사회적으로 '내전'에 가까운 상황이라고 느끼고 있다. 2019년 조지타운대학교 여론 조사 결과에 따르면, 미국 유권자들 중 3분의 2가 미국에서 정치적, 인종적, 계급적 분열이 악화되고 있다고 답했다. 이 조사에서 미국에서 내전이 재발할 가능성을 1부터 100의 척도로 평가하면 얼마라고 생각하냐는 질문에 대한 답변의 평균은 67.23이나 됐다. 국민들이 생각하는 내전 재발 가능성이 3분의 2이상이라는 의미다.[119]

2022년 현재 미국의 내전은 미 영토를 넘어서는 파괴력을 갖는다. 과거와 같은 '슈퍼 파워'를 자랑하지는 않지만, 미국의 군사력은 타의 추종을 불허하며, 미국은 기축통화국이라는 우월적 지위를 바

117 Barbara F. Walter, 《How Civil Wars Start: And How to Stop Them》, Crown, 2022.
118 Thomas Homer-Dixon, "States of Emergency", 《Globe and Mail》, 2021.12.31.
119 Georgetown University, "NEW POLL: Voters Find Political Divisions So Bad, Believe U.S. Is Two-Thirds Of The Way To 'Edge Of A Civil War'", 2019.10.23.

탕으로 세계 경제의 건전성을 결정한다. 민주주의 종주국인 미국의 민주주의가 무너진다면, 세계의 평화와 안보에 미치는 영향력을 누구도 가늠하기 어렵다. 게다가 2022년 2월 러시아의 우크라이나 침공으로 이미 세계는 '신냉전', 더 나아가 자유주의 대 반자유주의의 대결이 이미 노정된 상태라고 전문가들은 보고 있다.

한국은 미국과 중국 사이에 '끼인' 나라라는 점에서 미국에 대한 '냉정한 평가'가 더욱 절실하다. 이미 미국 정치 분열에 오랫동안 천착해《미국은 더 이상 그 미국이 아니다》라는 책을 쓴 경희대학교 안병진 교수는 "향후 미 연방United States of America은 계속 더 분열되는 미국Disunited States of America이 될 것"이라면서 "아직도 미국을 건국 시조들의 자유주의 사상이 공통의 지반으로서 작용하는 나라로 낭만적으로 봐서는 안 된다"고 말했다. 지금의 미국은 선거를 통한 민의에 대한 반응성, 견제와 균형, 법적 지배, 개인 존엄 등 자유주의, 헌정주의, 민주주의라는 공통 가치가 더 이상 사회의 지배적 원리로 작용하지 않는다. 바이든은 취임 후 "미국의 귀환"을 선언하며 트럼프 집권 당시 후퇴했던 민주주의의 복원과 통합을 약속했지만 실패했다. 안 교수는 "지금 미국은 어떤 정치 세력이 등장해도 공통의 지반을 다시 만들 수 없는 혼돈의 이행기"라고 분석했다.

신자유주의 경제질서가 초래한 극심한 불평등은 세계 각국에서 포퓰리스트 정치인의 등장을 촉진했다. 2008년 글로벌 경제위기 이후 자본에 포섭된 정치, 부자들의 이익만을 대변하는 정치인들에 대한 대중들의 분노와 불신은 트럼프, 자이르 보우소나루(브라질 대통령), 장마리 르펜과 그의 딸 마린 르펜(프랑스 국민전선 대표) 등 극우 포퓰리스트들의 중요한 정치적 자산이 됐다. 이에 대한 반작용으로 미국의 버니 샌더스 상원의원과 알렉산드리아 오카시오 코르테즈 하원의원, 영국이 제레미 코빈 전 노동당 대표, 2022년 프랑스 선거에서 좌파를 부활시킨 장뤽-멜랑송 등 사회주의 정치인들도 부상했다.

바이든은 프랑스, 독일, 캐나다 등 서방의 주요 국가 정상들과 마찬가지로 극우와 사회주의의 양쪽으로부터 맹공을 받으며 기존의 자유주의를 유지하려는 중도파 정치인이다. 바이든은 샌더스 세력을 끌어안으면서 대통령 자리에 오르는 것에는 성공했지만, 통치 과정에선 사사건건 발목을 잡는 공화당과 더 왼쪽으로 확실한 이동을 주문하는 당내 진보진영 사이에 끼어 리더십을 발휘하지 못하고 있다. 바이든과 민주당은 2022년 11월 중간 선거에서 처참하게 패배할 것이며, 오바마 전 대통령처럼 의회 주도권을 공화당에 빼앗긴 뒤 남은 임기 동안 '식물 대통령'으로 전락할 것이라는 우려도 나온다.

2024년 미국 대선의 향배가 중요한 것은 아슬아슬하게 멈춰진 파괴적 동력이 계속 갈 것이냐, 아니면 조금 더 강한 힘으로 저지당할 것이냐를 가늠할 수 있기 때문이다. 공화당 후보로 트럼프가 다시 등장한다면, 그는 '제2의 선거 쿠데타'를 기획할 것이며, 이를 통해 무슨 일이 일어날지 예상하기 힘들다. 월터 교수는 인종, 계급, 젠더 등에 기반한 양극화 자체가 내전 가능성을 높이는 것은 아니며 "내전 가능성을 높이는 것은 이들이 조직화될 때"라면서 극우 포퓰리스트의 집권을 막는 것의 중요성을 강조했다.

현 미국 극우 포퓰리즘의 뿌리가 백인우월주의라는 사실은 인종적으로 백인이 다수인 다른 국가들에도 시사하는 바가 크다. 인구사회학자들은 미국이 2045년 백인이 전체 인구 구성의 50% 이하로 떨어질 것으로 예상한다. 서구 민주주의 국가 중 백인이 인구의 과반 이하로 떨어지는 첫 번째 국가다. 캐나다와 뉴질랜드는 2050년 정도에 백인이 인종적 소수가 될 것이며, 2066년에 영국이 그 뒤를 따를 것이다. 2100년쯤엔 영어를 사용하는 모든 국가들에서 이런 현상이 나타날 것으로 예상된다. 이 국가들에서 백인우월주의 정치 세력은 백인 지배권의 종말을 예고하면서 증오를 부추기고 있다.

또 극단주의자들은 소셜 미디어를 통해 전 세계적으로 연결돼 있다. 미국에서 1·6 의회 폭동이 일어날 때 유럽의 극우 활동가들은 트럼프 지지자들을 응원했다. 의회 폭동 현장에는 태극기가 휘날리기도 했다. 이런 이유로 소셜 미디어에 대한 규제는 민주주의 파괴 세력의 결집을 막고 이들의 영향력을 최소화하는 데 매우 중요하다.

궁극적으로 현재 미국이 직면한 위기는 18세기 후반 건국 시조들이 만든 '낡은 민주주의'가 더 이상 작동하지 않기 때문에 발생한다. 앞에서 언급한 것처럼 백인이 인종적 다수 지위에서 서서히 물러나고 있는 미국은 진정한 다인종 민주주의를 형성하는 새로운 과제에 직면한 것으로 보인다.

나는 특파원 임기를 마치고 윤석열 정부가 출범하는 시기에 한
국으로 돌아왔다. 어떤 정치 세력이 등장해도 사회적 합의를 만들어
내기 힘든, 즉 정치가 제대로 작동하지 못하는 문제는 현재 미국이나
서구 민주주의 국가의 문제만이 아니다. 한국도 정치적 양극화로 몸
살을 앓고 있다. 역대 최소 표차(25만 표)로 윤석열 대통령이 당선됐다
는 사실 자체가 이를 보여 준다. 내가 이 책에서 주요하게 다룬 미국
의회 폭동의 이야기가 대다수 독자들에게 피부로 다가오는 이야기
가 아니듯이 검찰총장이 1년 만에 대통령이 됐다는 현실이 내겐 조
금 생경하다. 이런 이유로 더욱 윤 대통령이 어떤 정치인으로 귀결될
지 예측하기는 어렵다. 다만 국회의사당을 분노한 여당 지지자들이
무장 점거하고 대통령은 집무실에서 TV 생중계를 보면서 지지자들
을 말릴 생각은 안 하고 오히려 부추기는 트윗을 날리는 '트럼프 월
드'에서 짧게나마 살아 본 입장에서 '한국의 트럼프'라는 그에 대한
비판이 성급했던 것으로 귀결되기를 간절히 바란다.

저자의 말:
한인, 디아스포라, 다양성의 정치

트럼프 지지자들이 난장판을 만든 국회의사당을 다음 날 새벽 묵묵히 청소해 화제를 모은 하원의원이 있다. 유일한 한국계 미국인 재선 의원인 앤디 김 의원은 2021년 1월 7일 새벽 1시께 물병과 옷, 트럼프 깃발, 성조기 등 시위대가 휩쓸고 지나간 자리에 바닥에 널브러진 쓰레기를 직접 봉투에 담고 치웠다. 이 모습이 AP 통신 등 취재진에 포착돼 미담으로 보도됐다. 김 의원은 "누구든 좋아하는 것이 망가지면 고치고 싶지 않냐"며 의사당을 사랑하는 마음으로 청소를 하게 됐다고 밝혔다.

그는 한국계 연방 하원의원 4명 중 한 명이다. 앤디 김 의원과 메릴린 스트릭랜드 의원이 민주당, 영김 의원과 미쉘 박 스틸 의원이 공화당 소속이다. 435명 중 4명이지만, 2018년 앤디 김 의원 당선 이전에는 20년간 한국계 연방 하원의원이 한 명도 없었다는 점에서 이들은 매우 중요한 정치적 성과이자 자산이다.

나는 특파원으로 일하면서 한인들의 도움을 많이 받았다. 미국 시민이면서 한국이 모국인 그들은 한국과 미국의 사회적, 문화적, 정치적 교두보 역할을 하고 있다. 개인적으로 한반도 평화, 입양인 시민권, 일본군 '위안부', 아시안 증오 범죄, 이민개혁 등의 이슈를 취재하면서 현장에서 치열하게 활동하는 한인들을 만나고, 또 배웠다.

두 살 때 미국으로 입양돼 대학 진학 후 미 해군으로 10년이나 복무했지만 시민권을 취득하지 못한 리아 리 씨의 사연은 10년 넘게 국제입양 이슈를 취재해 온 내게도 너무 놀라운 이야기였다. 나는 2019년 11월 입양인 시민권법Adoptee Citizenship Act 통과를 촉구하기 위한 '입양인 평등권 연대' 발족식에서 그를 만났다. 미국으로 입양됐지만 입양부모가 입양절차를 완료하지 않아 시민권을 획득하지 못한 입양인들은 최대 4만 9,000여 명으로 추산된다. 이중 한국 출신 입양인들은 약 2만 명으로 알려졌다.

이 문제의 근본 원인은 아동을 국제입양 보내는 송출국과 국제입양을 받는 수용국 미국의 '허술한 입양법제'에 있다. 입양아동의 권리보호가 최우선이 아니라, 입양기관의 수익과 입양부모의 편의를 도모하는 것이 우선 고려되다 보니 발생한 일이다.

2022년 7월 현재 입양인시민권법은 미국 하원을 통과해 상원에 계류 중이다. 양원제인 미국은 법안이 상하원을 모두 통과해야 하는데, 오는 11월 중간 선거 이전까지 상원을 통과하지 못하면 법안은 자동 폐기된다. 이번이 4번째 발의된 것인데, 이번에도 통과되지 못한다면 시민권을 취득하지 못한 입양인들의 기약 없는 기다림은 계속돼야 한다.

한국전쟁 종전 선언 및 평화협정 체결, 북미 연락사무소 설치 촉구 등의 내용을 담은 '한반도 평화법안'도 미국 하원에 발의됐다. 민주당 브래드 셔먼 의원이 발의한 이 법안은 통과에 시간이 걸리겠지만 한반도 평화 문제에서 미국 정부의 적극적인 역할을 주문하고 있다는 점에서 의미가 크다. 이 법안 역시 한인들이 의원들을 직접 만나 설득하면서 한 명 한 명 공동 발의자를 늘려 가는 등 헌신적인 활동의 결과물이다.

미국에서 공개적으로 홀로코스트의 비극을 부정하는 것은 있을 수 없는 일이다. 큐어넌 음모론자인 마저리 테일러 그린 공화당 하원의원도 홀로코스트 폄훼 발언을 했다가 사과해야만 했다. 안타깝게도 일본군 '위안부' 문제는 아직 그렇지 않다. 2021년 2월 하버드대 로스쿨 교수인 존 마크 램지어가 일본군 '위안부' 피해자들이 "자발적 계약을 맺은 성노동자"라며 강제 동원 사실을 부인하는 논문을 발표해 논란이 일었다. 열 살 피해 아동에 대해서도 '자발적 계약'이라며 노골적으로 아동 성매매를 지지하는 램지어 교수 당사자의 문제가 가장 크지만, 그의 논문에 대해 미국 최고 명문사학이라 자부하는 하버드대학교가 '학문의 자유'라는 이유로 침묵하고 있다는 사실도 문제다. 또 그의 논문이 다른 학자들의 검토를 거쳐 학술지에 정식으로 등록될 뻔하기도 했다. 이런 사실은 미국, 더 나아가 전 세계적으로 일본군 '위안부' 문제가 아직은 홀로코스트와 같은 전쟁 범죄로 인식되지 못하고 있다는 사실을 보여 준다. 그리고 그 이면엔 램지어 교수의 정식 직함인 '미쓰비시 일본 법학 교수'에서도 드러나듯이 일본의 '촘촘한 로비'가 존재한다.

일본 극우들은 2007년 미국 하원에서 '일본군 위안부 결의안'이 통과되는 과정에서도 미국 의회를 상대로 치열한 로비전을 벌였다. 이 결의안은 "제2차 세계대전 동안 아시아, 태평양 여러 섬 지역의 식민통치 및 전시 점령 당시 일본 제국군이 젊은 여성들을 강제적으로 '위안부'라고 일컬어지는 성노예로 동원한 바 있음을 일본 정부가 명확하면서도 번복 불가능한 방식으로 인정하고 사죄하며 역사적 책임을 받아들일 것을 촉구"한다는 내용을 담고 있다. 일본의 방해를 뚫고 '일본군 위안부 결의안'을 통과시킨 힘은 미국 현지에서도 운동을 조직하고 추진한 한인들에게 있다. 이용수 할머니를 비롯해 피해 당사자들의 의회 증언, 일본계 미국인인 마이크 혼다 전 하원의원, 낸시 펠로시 하원의장 등 양심적인 정치인들의 도움도 있었다. 램지어 사태 때도 가장 먼저 비판 활동을 조직했던 한인들은 지금도 소녀상 건립 및 지키기 운동 등을 벌이며 전쟁 범죄로서 일본군 '위안부' 문제를 알리려고 애쓰고 있다.

한인 이민은 1900년대 초 하와이 사탕수수 농장의 계약노동자로 이주하면서 시작됐다고 한다. 현재 미국 내 한인은 약 210만 명이다. 이민의 역사가 길어지면서 규모도 커지고, 다양성도 증가했다. 이민 1세대 한인들이 정착과 생존의 문제에 천착했다면, 이민 2세, 3

세로 내려가면서 미국 사회 구성원으로서 직면한 문제와 인식들도 다양해졌다. 한인을 넘어서, 아시아계, 더 나아가 비백인으로서 경험하는 편견, 차별, 이를 넘어서기 위한 다양한 전략과 연대의식에 대한 고민은 인종적으로는 상대적으로 단일한 한국에서 그것도 인종적 다수로 살아가는 대다수 한국인들은 상상하기 힘들다.

소셜 미디어가 극우 세력을 배양하고 결집시키는 부작용에 대해 본문에서 주로 언급했지만 다른 한편으로 다양성에 기반한 민주주의의 공론의 장, 고대 그리스 도시국가에서 아고라의 역할을 하는 것도 사실이다. 젊은 세대들은 물리적 한계를 뛰어넘는 소통과 교류, 가치의 연대를 온라인이라는 공간에서 이미 하고 있을 것이라 생각한다. 모국에서 사는 한국인들이 갖고 있는 미국을 포함해 전 세계에 살고 있는 한인들을 '한국인'으로 여기는 단선적인 인식은 나와 그 윗세대의 경험의 한계에 그칠 것이라 기대한다.

끝으로 미국에 머무는 동안 다양한 방식으로 만날 수 있었던 모든 분들께 감사의 말씀을 전한다.